Katharina Schlamp (Hrsg.)/Klaus-Ulrich Glaser/Inka Hoffmann/
Marion Mechs/Petra Sturm/Ute Weiß

Individuell fördern Deutsch 7

Lesen: Sach- und Gebrauchstexte

Kopiervorlagen
in drei Differenzierungsstufen
mit Tests

Auer Verlag GmbH

Die Herausgeberin:

Katharina Schlamp: Institutsdirektorin an der Akademie für Lehrerfortbildung und Personalführung Dillingen – Abteilungsleitung Führung / Personalentwicklung / Schulentwicklung

Die Autoren:

Klaus-Ulrich Glaser: Hauptschullehrer, Multiplikator für die Modulare Förderung im Fach Deutsch in Bayern

Inka Hoffmann: Konrektorin, Multiplikatorin für die Modulare Förderung im Fach Deutsch in Bayern

Marion Mechs: Hauptschullehrerin, Multiplikatorin für die Modulare Förderung im Fach Deutsch in Bayern

Petra Sturm: Hauptschullehrerin

Ute Weiß: Hauptschullehrerin, Multiplikatorin für die Modulare Förderung im Fach Deutsch in Bayern

Gedruckt auf umweltbewusst gefertigtem, chlorfrei gebleichtem und alterungsbeständigem Papier.

1. Auflage 2010
Nach den seit 2006 amtlich gültigen Regelungen der Rechtschreibung
© by Auer Verlag GmbH, Donauwörth
Alle Rechte vorbehalten
Das Werk und seine Teile sind urheberrechtlich geschützt. Jede Nutzung in anderen als den gesetzlich zugelassenen Fällen bedarf der vorherigen schriftlichen Einwilligung des Verlages.
Hinweis zu § 52 a UrhG: Weder das Werk noch seine Teile dürfen ohne eine solche Einwilligung eingescannt und in ein Netzwerk eingestellt werden. Dies gilt auch für Intranets von Schulen und sonstigen Bildungseinrichtungen.
Illustrationen: Thorsten Trantow
Satz: Typographie & Computer
Druck und Bindung: Aubele Druck GmbH, Bobingen
ISBN 978-3-403-06361-2

www.auer-verlag.de

INHALTSVERZEICHNIS

I.	**Vorwort**	4
II.	**Test zur Erfassung der Lernausgangslage Lesen**	7
II.1	Anleitung zum Einsatz des Tests	7
II.2	Test: *Das Kaufhaus des Westens*	10
II.3	Auswertungsbogen Schüler	18
II.4	Auswertungsbogen Klasse	19
III.	**Material zur Individuellen Förderung**	22
III.1	Thema *Alles, was recht ist: Ein zu schneller Klick kann im Internet teuer werden*	22
	III.1.1 Grundlegendes Niveau	22
	III.1.2 Qualifizierendes Niveau	28
	III.1.3 Weiterführendes Niveau	33
III.2	Thema *Arbeit und Beruf: Ausbildung*	40
	III.2.1 Grundlegendes Niveau	40
	III.2.2 Qualifizierendes Niveau	46
	III.2.3 Weiterführendes Niveau	52
III.3	Thema *Rückblicke: Der Sonnenkönig Ludwig XIV.*	58
	III.3.1 Grundlegendes Niveau	58
	III.3.2 Qualifizierendes Niveau	65
	III.3.3 Weiterführendes Niveau	71
III.4	Thema *Dicke Luft: Sauerstoff im Körper und anderswo*	77
	III.4.1 Grundlegendes Niveau	77
	III.4.2 Qualifizierendes Niveau	85
	III.4.3 Weiterführendes Niveau	90
IV.	**Lernerfolgsfeststellung Lesen**	97
IV.1	Lernstandsfeststellung Lesen	97
	IV.1.1 Grundlegendes Niveau	97
	IV.1.2 Qualifizierendes Niveau	99
	IV.1.3 Weiterführendes Niveau	102
IV.2	Selbsteinschätzungsbogen Lesen	105
	IV.2.1 Grundlegendes Niveau	105
	IV.2.2 Qualifizierendes Niveau	108
	IV.2.3 Weiterführendes Niveau	112
IV.3	Test zur Ermittlung des Lernerfolgs Lesen	115
	IV.3.1 Anleitung zum Einsatz des Tests	115
	IV.3.2 Grundlegendes Niveau	117
	IV.3.2.1 Test: *Der Wettlauf zum Südpol*	117
	IV.3.2.2 Auswertungsbogen Klasse	122
	IV.3.3 Qualifizierendes Niveau	
	IV.3.3.1 Test: *Der Wettlauf zum Südpol*	
	IV.3.3.2 Auswertungsbogen Klasse	
	IV.3.4 Weiterführendes Niveau	
	IV.3.4.1 Test: *Der Wettlauf zum Südpol*	
	IV.3.4.2 Auswertungsbogen Klasse	
V.	**Text- und Bildquellenverzeichnis**	124

> Das qualifizierende und das weiterführende Niveau finden Sie auf der CD-ROM.

Die Lösungen zu allen Aufgaben finden Sie auf der beiliegenden CD-ROM!

Vorwort

Individuelle Förderung als Antwort auf die Herausforderungen der Schule von heute

Die Kulturtechniken Lesen und Schreiben an neue Schülergenerationen zu vermitteln, gehört zu den zentralen Aufgaben der Schule. Jedoch ist dieser Auftrag in einer Zeit, in der rund um die Uhr verfügbare virtuelle Medien dem Buch den Rang abzulaufen drohen, nicht leicht zu erfüllen. Die Schule kann auf diese Herausforderungen nur mit individueller Förderung reagieren. Außerdem kommen zahlreiche Anforderungen auf die Schule zu, resultierend aus der veränderten Lebenswelt der Kinder und Jugendlichen, den steigenden Erwartungen von Gesellschaft und Beruf und den neuesten Erkenntnissen der Gehirnforschung und der Didaktik:

„Schüler brauchen Ausbildungsreife"

Dies fordern Wirtschaftsbetriebe, die Ihre Schüler[1] als Auszubildende unter Vertrag nehmen und ihnen damit eine „Eintrittskarte" in die Gesellschaft verschaffen wollen. Doch sie bemängeln, dass ein erheblicher Teil der Schüler die Grundkompetenzen im Lesen und Schreiben nicht beherrscht. Diese Schüler brauchen individuelle Förderung, um Versäumtes aufzuholen und einen Schulabschluss zu erreichen.

„Jeder Schüler lernt anders"

Dies ist zunächst nur eine Feststellung. Doch wird es zur Herausforderung, wenn 26 individuelle Lerner im Klassenzimmer sitzen. Diese Tatsache bekommen Sie in Ihrer täglichen Unterrichtspraxis hautnah zu spüren, wenn ein Teil Ihrer Schüler das Lesen wieder und wieder trainieren muss, während sich die anderen langweilen. Der Heterogenität der Lernvoraussetzungen Ihrer Schüler werden Sie am besten durch einen individuellen Zuschnitt des Lernangebots gerecht.

„Kompetenzen erwerben statt Wissen anhäufen"

So lautet die nächste Anforderung an den modernen Unterricht, die von Gehirnforschung und Lernforschung an Sie herangetragen wird: In den Schülerköpfen schlummere allzu viel „träges" Wissen, das isoliert abgespeichert sei. Stattdessen sollen Ihre Schüler intelligentes Wissen, umgesetzt in Kompetenzen, erwerben: Sie sollen erkennen, wann welches Wissen eingesetzt werden muss und es dann gezielt zur Lösung von lebenspraktischen Aufgabenstellungen anwenden können. Die Entwicklung der Persönlichkeit, die Befähigung zu lebenslangem Lernen und der Erwerb von Lernkompetenz stehen also im Vordergrund. Schaffen Sie deshalb in Ihrem Unterricht möglichst viele Gelegenheiten für den Transfer des Gelernten. Frischen Sie die Grundkenntnisse Ihrer Schüler

---

[1] Wenn in diesem Werk von Schüler gesprochen wird, ist immer auch die Schülerin gemeint. Ebenso verhält es sich mit Lehrer und Lehrerin etc.

immer wieder durch die Anwendung in neuen Kontexten auf. Schlüsselbegriffe in einem Text erkennen, Textpassagen zusammenfassen und „zwischen den Zeilen lesen" sind Kompetenzen, die Ihre Schüler für das Textverstehen und die Informationsentnahme in allen Fächern und im wirklichen Leben benötigen. Auch das Schreiben darf kein Selbstzweck sein, sondern muss nutzen- und adressatenbezogen der Information und Kommunikation dienen.

„Diagnosebasiertes individuelles Üben verspricht Erfolg"

Üben auf der Basis einer Fehleranalyse verspricht mehr Lernerfolg als Üben nach dem Gießkannenprinzip, stellt die moderne Didaktik fest. Setzen Sie deshalb mit der Förderung Ihrer Schüler präzise bei der konkreten Lernausgangslage an. So holen nicht nur Schüler mit einem hohen Entwicklungsbedarf auf, sondern auch Ihre leistungsstarken Schüler werden durch anspruchsvolle Aufgaben gefordert.

DIE REIHE „INDIVIDUELL FÖRDERN DEUTSCH"

Mit den oben genannten komplexen Anforderungen sehen Sie sich bei den Vorbereitungen und der Durchführung der individuellen Förderung im Deutschunterricht tagtäglich konfrontiert.

Nutzen Sie deshalb die **Vorteile** unserer neuen Reihe „Individuell fördern" für Ihre Schüler und für sich als Lehrer:
- ✓ Mit einer flexiblen Zuordnung der Schüler zu drei Niveaustufen vermeiden Sie die Unter- bzw. Überforderung des einzelnen Lerners.
- ✓ Durch die Berücksichtigung der unterschiedlichen Leistungsfähigkeit und Lernbereitschaft Ihrer Schüler erreichen Sie einen optimalen individuellen Lernzuwachs.
- ✓ Individuelle Defizite können Sie mit passgenauen Übungsmaterialien beheben.
- ✓ Lerngruppen können je nach den Fortschritten des Einzelnen immer wieder neu zusammengesetzt werden.
- ✓ Die aufwendige Suche und das eigenhändige Erstellen von Differenzierungsmaterial werden Ihnen durch die Fülle von Lern- und Übungsmaterialien erspart.

Vielfältige passgenaue Einsatzmöglichkeiten

Wählen Sie je nach den Bedingungen an Ihrer Schule zwischen verschiedenen Organisationsformen aus:

Binnendifferenzierung/Individualisierung

Setzen Sie die Materialien in Ihrem Klassenunterricht zur Differenzierung und Individualisierung ein:
- ✓ In offenen Lern- und Übungsphasen, z. B. bei der Wochenplanarbeit oder im Rahmen einer Lerntheke oder eines Lernzirkels.

- ✓ In Übungs- und Vertiefungsphasen, in denen jeder Schüler für sich arbeitet und den Anschluss an seine Lernausgangslage findet.

Förderschiene/äußere Differenzierung

Lösen Sie aus Ihrem Stundenkontingent eine oder mehrere Deutschstunden pro Woche heraus, die Sie als Förder- und Übungsstunde deklarieren. Legen Sie diese Stunden für eine oder mehrere Klassenstufen parallel.

Teilen Sie die Schüler dieser Klassen entsprechend der Lernausgangslage in verschiedene Niveaustufen, abhängig davon, wie viele Lehrkräfte zur Verfügung stehen.

Modulare Förderung (Bayerisches Modell)

Eine Variante der Förderschiene stellt die „Modulare Förderung" an Bayerns Hauptschulen dar. Hier wird Wert darauf gelegt, dass sich die Einteilung in Kompetenzstufen nicht verfestigt. Vielmehr soll die Förderung in einem Bereich (Modul) dazu führen, dass der Schüler die Grundkenntnisse aufholt und in einem anderen Gebiet ggf. in der nächsten Niveaustufe gefördert werden kann. Deshalb findet der Modulunterricht in der Regel epochenweise statt und wechselt sich mit Phasen des reinen Klassenunterrichts ab.

Im Einzelnen bietet Ihnen dieser Band:

- ✓ Test zur Erfassung der Lernausgangslage Lesen: Damit ordnen Sie Ihre Schüler problemlos den drei Kompetenzniveaus im Lesen zu.
- ✓ Die Materialien zur individuellen Förderung Lesen sind in drei Schwierigkeitsstufen gegliedert: „grundlegendes Niveau" (leichte Aufgaben), „qualifizierendes Niveau" (mittelschwere Aufgaben) und „weiterführendes Niveau" (schwerere Aufgaben). Die Themenbereiche sind lehrplankonform und für Schüler motivierend gestaltet. Jeder Übungseinheit geht ein Vorschlag für die Unterrichtsgestaltung voraus.
- ✓ Lernstandsfeststellung Lesen, Selbsteinschätzungsbögen Lesen, Test zur Ermittlung des Lernerfolgs Lesen: Sie dienen der Lernergebnisfeststellung am Ende einer Förderphase.
- ✓ Die **CD-ROM** enthält sämtliche Kopiervorlagen sowie die Lösungen zu allen Aufgaben in editierbarer Form. So können Sie alle Vorlagen passgenau auf die Bedürfnisse Ihrer Lerngruppe zuschneiden, Teile ergänzen, ersetzen oder streichen.

In der Reihe „Individuell fördern Deutsch" bieten wir Ihnen eine Vielzahl an Materialien zu den Bereichen Lesen und Schreiben an. Wer in Mathematik individuell fördern möchte, sei auf die Reihe „Individuell fördern Mathematik" verwiesen.

Viel Erfolg bei der Arbeit mit den Materialien wünscht

Katharina Schlamp (Hrsg.)

ANLEITUNG ZUM EINSATZ DES TESTS

I. Konzeption

a) **Testart:** Leseverständnistest

b) **Einsatzbereich:** Schülerinnen und Schüler der 7. Jahrgangsstufe

c) **Ziel:** Der Test dient zur Einteilung der Schülerinnen und Schüler in drei möglichst homogene Lerngruppen, sodass diese individuell gefördert werden können.

d) **Aufgabentypen:** Der Test enthält folgende Aufgabentypen:
- ✓ Aufgaben mit Auswahlformaten
- ✓ Aufgaben mit kurzen, offenen Antworten
- ✓ Aufgaben, die ausführlichere, freie Antworten verlangen

e) **Testaufbau:** Zum Lesetext bearbeiten die Schülerinnen und Schüler verschiedene Aufgaben auf drei Niveaustufen. Die genauen Kompetenzbeschreibungen sind dem Lösungsteil (auf der CD-ROM) zu entnehmen. Alle mit a) gekennzeichneten Teilaufgaben entsprechen von ihrem Anforderungsprofil her dem Niveau G, die Aufgaben b) dem Niveau Q und die Aufgaben c) dem Niveau W.

Pro Niveaustufe sind 14 Punkte zu erreichen, insgesamt sind also maximal 42 Punkte erreichbar.

II. Durchführung

a) **Zeitumfang:** Für die Lese- und die Bearbeitungszeit sind insgesamt 45 Minuten vorgesehen. Da es nicht darum geht, das Lesetempo zu bewerten, sollte den Schülern ggf. ein Zeitzuschlag von bis zu 15 Minuten eingeräumt werden, damit sie möglichst alle Aufgaben zum Textverständnis bearbeiten können.

b) **Hilfsmittel:** Lineal, Bleistift, Farbstifte, Füller. Ein Nachschlagewerk darf nicht verwendet werden.

III. Korrektur und Auswertung

a) **Punktevergabe:** Die Punktevergabe erfolgt anhand der Musterlösung (auf der CD-ROM). Zu jeder Aufgabe gibt es Korrekturhinweise, die Ihnen die Punktevergabe erleichtern sollen. Grammatik- und Orthografiefehler werden nicht bewertet. Es werden keine Benotung und kein Ranking vorgenommen, lediglich die Einteilung in die drei Leistungsgruppen soll dadurch ersichtlich werden.

b) **Auswertungsbogen:** Die Auswertungsbögen (S. 18–21) unterstützen Sie bei der Evaluation des Tests.

Auswertungsbogen für jeden Schüler (S. 18):

Für jeden Schüler kann ein Auswertungsbogen angelegt werden. In die grau unterlegten Kästchen tragen Sie die Punktzahlen ein, die der Schüler bei den einzelnen Teilaufgaben erreicht hat. Anschließend werden die Punkte spaltenweise addiert und in die grauen Kästchen am Ende der

Seite eingetragen. Somit wird der Anteil der richtigen Lösungen im jeweiligen Bereich angezeigt und Sie erkennen auf den ersten Blick, auf welcher Niveaustufe der Schüler die wenigsten/meisten Punkte erzielt hat.

Auswertungsbogen für die Klasse (S. 19–21):
Überträgt man die Punkte in eine Klassenliste, so erhält man einen Überblick über die Leistungen der Klasse insgesamt und mögliche Hinweise auf eine Gruppeneinteilung.

c) Punkteschlüssel zur Gruppeneinteilung:
Die Einteilung in die drei Niveaugruppen erfolgt nach folgendem Punkteschlüssel:

Niveau G a)-Aufgaben	Niveau Q b)-Aufgaben	Niveau W c)-Aufgaben		Gruppen- einteilung
0 – 8,5 Punkte (bis ca. 60 %)	0 – 5,5 Punkte (bis ca. 40 %)	0 – 3 Punkte (bis ca. 20 %)	⇨	Niveau G
9 – 11,5 Punkte (bis ca. 80 %)	6 – 8,5 Punkte (bis ca. 60 %)	3,5 – 5,5 Punkte (bis ca. 40 %)	⇨	Niveau Q
12 – 14 Punkte (bis 100 %)	9 – 14 Punkte (bis 100 %)	6 – 14 Punkte (bis 100 %)	⇨	Niveau W

Hinweise:
- ✓ Die angegebenen Punkt- und Prozentzahlen zur Einteilung der Schüler nach Niveaugruppen dienen lediglich zur Orientierung.
- ✓ Die Einschätzung des Lehrers hat Vorrang.
- ✓ Weitere Kriterien zur Einteilung der Schüler (Leseschwäche, motorische Probleme, Tagesform des Kindes, weitere Tests zum Leseverständnis, Einschätzungen anderer Lehrer etc.) sind mit heranzuziehen.
- ✓ Erlangt ein Schüler die meisten Punkte auf Niveau Q (W), müssen bis zu 100 % der Aufgaben auf Niveau G (Q) gelöst sein.
- ✓ Da die Kompetenzen der niedrigeren Niveaustufe/n Voraussetzungen für die geforderten Kompetenzen der höheren Niveaustufe/n sind, sollten die Schüler auf der/den niedrigeren Niveaustufe/n jeweils möglichst viele Aufgaben richtig lösen können.
- ✓ Wichtig: Ausschlaggebend für die Gruppeneinteilung ist vor allem, dass die Schüler möglichst viele Punkte auf Niveaustufe G erreicht haben.

Beispiele für „Problemfälle" bei der Zuordnung:

erreichte Punkte auf Niveau G	erreichte Punkte auf Niveau Q	erreichte Punkte auf Niveau W	Gruppenzuordnung mit Begründung
11	3	2,5	⇨ Niveau G, da im Bereich Niveau Q zu wenig Punkte erreicht wurden
4,5	8,5	2	⇨ Niveau G. Es wurden zwar im Bereich Niveau Q viele Punkte erreicht, jedoch empfiehlt sich aufgrund der niedrigen Punktzahl im Bereich Niveau G eine Einteilung in Niveau G.
9	6,5	8	⇨ Niveau Q. Obwohl im Bereich Niveau W schon viele Punkte erreicht wurden, ist die Punktzahl im Bereich Niveau Q noch nicht ausreichend.
9	10	10	⇨ Niveau Q. Obwohl in Niveau G und Niveau Q viele Punkte erreicht wurden, ist die Punktzahl im Bereich Niveau G zu niedrig. Die Einschätzung des Lehrers sollte jedoch Vorrang haben.
10,5	5	2,5	⇨ Niveau Q. Obwohl im Bereich Niveau Q nicht 6 Punkte erreicht wurden, wie die Tabelle vorgibt, sollte der Schüler trotzdem aufgrund der hohen Punktzahl im Bereich Niveau G in die zweite Lerngruppe eingeteilt werden.

TEXTVORLAGE

Das Kaufhaus des Westens

1 Das KaDeWe gehört zu Berlin wie das Brandenburger Tor, die Gedächtniskirche und der
2 Fernsehturm am Alexanderplatz. Als eines der Wahrzeichen der Hauptstadt trägt das KaDeWe
3 Berlin hinein in die Welt und holt die Welt nach Berlin.

4 Im Jahr 1907 eröffnete der Kommerzienrat Adolf Jandorf das KaDeWe in der Tauentzienstraße am
5 Wittenbergplatz, am Rande des vornehmen Westens der Stadt. Der Architekt Emil Schaudt gab
6 diesem modernen Warenhaus alles, was es brauchte – Großzügigkeit, Funktionalität und
7 Atmosphäre.

8 Das riesige Waren- und Dienstleistungsangebot lockte ganz Berlin und Umgebung an. Ob
9 Stecknadel oder Modellkleid, ob Kochtopf oder Kaviar, das KaDeWe präsentierte auf rund 24 000
10 m² und fünf Etagen von Anfang an ein Sortiment der Superlative. Der Kunde war König, und
11 Könige waren unter den Kunden. Ins KaDeWe zu gehen, hieß nicht nur einkaufen, sondern auch
12 sehen und gesehen werden. So wurde das neue Kaufhaus schnell zu einer exquisiten Adresse. Die
13 Tauentzienstraße avancierte zu einem der beliebtesten Einkaufsboulevards der Stadt.

14 1927 wurde das KaDeWe in das Hertie-Unternehmen eingegliedert und in den folgenden Jahren
15 um zwei Etagen erweitert. Das einzigartige Sortiment und eine spektakuläre Warenpräsentation
16 machten den Einkauf im KaDeWe zu einem außergewöhnlichen Erlebnis.

17 Im Jahr 1943 stürzte ein amerikanisches Flugzeug in den Lichthof und zerstörte das KaDeWe fast
18 völlig. Während die umliegenden Häuser am Wittenbergplatz noch in Schutt und Asche lagen,
19 setzte das KaDeWe ein deutliches Zeichen für den Aufbauwillen der Berliner und machte ihnen
20 Mut. 180 000 Besucher kamen zur feierlichen Wiedereröffnung der ersten zwei Etagen am 3.7.1950.
21 Das KaDeWe wurde zum Symbol des Neuanfangs und zum Liebling der Berliner und ihrer Gäste.

22 Der Wiederaufbau wurde 1956 mit der Eröffnung der Lebensmittelabteilung in der 6. Etage
23 abgeschlossen. Beflügelt durch den anhaltenden Erfolg wurde das KaDeWe in den 70er Jahren
24 erneut umgebaut und erweitert. 1978 hatte das Haus eine Verkaufsfläche von rund 44 000 m².
25 Berlin als Hauptstadt des vereinten Deutschlands war auch für das KaDeWe Herausforderung und
26 Möglichkeit zugleich. Um den neuen Anforderungen Berlins Rechnung zu tragen, wurde das
27 Weltstadthaus von 1991 bis September 1996 um ca. 16 000 m² auf rund 60 000 m² Verkaufsfläche
28 vergrößert. Heute ist es das größte Warenhaus auf dem europäischen Kontinent. 1994 erfolgte auch
29 die Integration von Hertie in die Karstadt AG.

30 Um für den 100-jährigen Geburtstag im Jahr 2007 den Anforderungen eines internationalen
31 Departmentstores voll zu entsprechen, wurde das Haus seit dem Frühjahr 2004 erneut umgebaut.
32 Bereits im Herbst 2004 wurde ein vollkommen neu gestaltetes Erdgeschoss eröffnet, das eine
33 Beauty-Abteilung und einen Luxusboulevard der Superlative unter einem Dach vereint.

Test zur Erfassung der Lernausgangslage Lesen
Sach- und Gebrauchstexte: Das Kaufhaus des Westens

34 Das KaDeWe gilt als „Kaufhaus der unbegrenzten Möglichkeiten". Über 380 000 verschiedene
35 Artikel präsentieren sich dem Kunden. Rund 2 000 Mitarbeiter garantieren, dass sich die
36 durchschnittlich 40 000 Kunden pro Tag wohl fühlen. Das KaDeWe ist nicht nur traditioneller
37 Einkaufsort der Berliner. Die Zahl internationaler Kunden steigt kontinuierlich […]. Für viele
38 Berlin-Touristen ist das Shopping-Erlebnis im KaDeWe eines der Highlights ihres Besuchs in der
39 deutschen Hauptstadt. […]

40 Der Publikumsmagnet im KaDeWe ist […] die größte Feinkostabteilung Europas. Hier können
41 Connaisseure auf einer Fläche von ca. 7 000 m² zwischen rund 33 000 verschiedenen Artikeln
42 wählen. Darunter befinden sich allein ca. 1 300 Käsesorten, ca. 1 200 Wurst- und
43 Schinkenspezialitäten und ca. 400 Brot- und Brötchensorten. Weinliebhaber finden rund 2 400
44 Weine von allen Kontinenten. 500 Mitarbeiter, davon allein 150 Köche und Konditoren, arbeiten in
45 der Feinschmecker-Etage. […]

Das Kaufhaus des Westens. http://www.brauchtumsseiten.de/a-z/k/kadewe/home.html

Test zur Erfassung der Lernausgangslage Lesen
Sach- und Gebrauchstexte: Das Kaufhaus des Westens

AUFGABEN

Name: _____

Nr.	Aufgabe	Pkt.
1a	**Ergänze die Lücken.** Das Kaufhaus des Westens (kurz: _____) steht in der Hauptstadt _____ in der _____straße. Obwohl es heute bereits _____ Jahre alt ist, ist es mit einer Verkaufsfläche von rund _____ das größte Kaufhaus in _____. Auf _____ Etagen werden über _____ verschiedene Artikel angeboten.	4/
1b	**Finde die folgenden Informationen im Text.** Das KaDeWe gilt als ein Wahrzeichen Berlins. Nenne zwei weitere Wahrzeichen, die im Text genannt werden. _____ _____ Im Text werden für das „KaDeWe" noch andere Bezeichnungen verwendet. Nenne <u>zwei</u> und notiere jeweils die Zeilenangabe dazu. _____ (Zeile _____) _____ (Zeile _____)	2/
1c	**Belege die folgenden Aussagen jeweils mit <u>zwei</u> passenden Textstellen und gib die Zeile an, wo du die Informationen gefunden hast.** Vor allem in der Feinschmeckerabeilung ist das Warenangebot enorm. _____ (Zeile _____) _____ (Zeile _____) Das KaDeWe wurde in den Jahren 1927 und 1994 in zwei andere Konzerne integriert. _____ (Zeile _____) _____ (Zeile _____)	2/

Test zur Erfassung der Lernausgangslage Lesen

Sach- und Gebrauchstexte: Das Kaufhaus des Westens

2a Welche der folgenden Überschriften gehört zu welchem der ersten vier Textabschnitte? Ordne den jeweiligen Buchstaben zu. 2/

Überschrift	
Ein besonderes Einkaufserlebnis	A
Neueröffnung in Berlin	B
Ein Wahrzeichen Berlins	C
Der beliebteste Einkaufsboulevard	D

Abschnitt	
Zeilen 1 bis 3	
Zeilen 4 bis 7	
Zeilen 8 bis 13	
Zeilen 14 bis 16	

2b Finde nun für die Textabschnitte fünf bis sieben selbst eine treffende Teilüberschrift. (Hinweis: Schreibe mehr als nur ein Wort.) 3/

Abschnitt	Teilüberschrift
Zeilen 17 bis 21	
Zeilen 22 bis 29	
Zeilen 30 bis 33	

2c Welche der folgenden Teilüberschriften passt am besten zu den letzten beiden Textabschnitten? Kreuze sie an. 2/

Abschnitt	Teilüberschrift
Zeilen 34 bis 39	☐ 40 000 internationale Kunden täglich ☐ Traditionelles Kaufhaus der Berliner ☐ Beliebter Einkaufsort für jedermann
Zeilen 40 bis 45	☐ Die berühmte 6. Etage ☐ Die größte Feinkostabteilung Europas ☐ Ein Genuss der Sinne

3a Im folgenden Text stimmen sechs Wörter nicht mit dem zweiten Abschnitt des Ausgangstextes überein. Streiche diese durch und schreibe dann die richtigen Wörter auf. Hinweis: Bei zwei Wörtern musst du genau hinsehen. 3/

Im Jahr 1907 eröffnete der Kommerzialrat Adolf Jandorf das DeKaWe in der Tauentzienstraße am Wittelsbachplatz, am Rande des vornehmen Westens der Großstadt. Der Architekt Emil Schaudt gab diesem modernden Warenhaus alles, was es brauchte – Großzügigkeit, Funktionalität und Atomsphäre.

_____ _____ _____

_____ _____ _____

II. Test zur Erfassung der Lernausgangslage Lesen

Test zur Erfassung der Lernausgangslage Lesen
Sach- und Gebrauchstexte: Das Kaufhaus des Westens

3b	Entscheide bei jeder Aussage, ob sie wahr (w), falsch (f) oder gar nicht dem Text zu entnehmen ist.		3/

Aussage	w	f	nicht zu entnehmen
Zwei Brände zerstörten 1943 das Gebäude bis auf die Grundmauern.			
Die Weine in der Feinschmeckerabteilung kommen ausschließlich aus Europa, Afrika und Amerika.			
Die Verkaufsfläche entspricht dem Olympiastadion und vier Fußballfeldern.			
Für den 100. Geburtstag wurde bereits drei Jahre vorher das Erdgeschoss umgebaut.			
Seit 1965 gibt es im 6. Stock eine Lebensmittelabteilung.			
Auch Könige waren schon Kunden beim KaDeWe.			

3c	Das KaDeWe blickt auf eine über 100-jährige Geschichte zurück. Lies die Textabschnitte zwei, fünf, sechs und sieben aufmerksam. Unstreiche die wesentlichen Informationen mit einem Farbstift. Ergänze nun alle Lücken in folgender Tabelle. **Die Geschichte des KaDeWe**	4/

Jahr	Maßnahme/Ereignis	Fläche/Etage
		24 000 m², 5 Stockwerke
	fast völlige Zerstörung	------------------------------
1950		zwei Etagen
	Wiederaufbau abgeschlossen	
	Vergrößerung der Einkaufsfläche	44 000 m²
1991–1996		
	Umbau	

4a	Welche Bedeutung haben die unterstrichenen Ausdrücke im Satzzusammenhang? Kreise jeweils den treffenden Begriff ein.	2/

Das KaDeWe ist das größte Warenhaus auf dem europäischen <u>Kontinent</u>.
↓
Erdteil/Land/Gebiet

Für viele <u>Touristen</u> ist das Einkaufen im KaDeWe ein <u>Highlight</u>.
↓   ↓
Einwohner/Gäste/Fußgänger   Erlebnis/Traum/Höhepunkt

Bereits 1907 verfügte das KaDeWe über fünf <u>Etagen</u>.
↓
Abteilungen/Treppenhäuser/Stockwerke

Test zur Erfassung der Lernausgangslage Lesen
Sach- und Gebrauchstexte: Das Kaufhaus des Westens

4b	**Finde einen sinnähnlichen Ausdruck für das unterstrichene Wort aus dem Text.** exquisite Adresse (Zeile 12) → _____ spektakuläre Warenpräsentation (Zeile 15) → _____ Mitarbeiter garantieren (Zeile 35) → _____	3/
4c	**Umschreibe jeden der folgenden Sätze mit einem sinnähnlichen Satz.** **Beachte: Vermeide dabei Wiederholungen der vorgegebenen Wörter.** **Beispiel: Das KaDeWe … → Im Warenhaus …** Das KaDeWe präsentiert ein Sortiment der Superlative. _____ _____ _____ Der Publikumsmagnet ist die berühmte „Lebensmittelabteilung". _____ _____ _____ Der Kunde ist König. _____ _____ _____	3/
5a	**Auf der übernächsten Seite erhältst du auf einem „Handzettel" für den Kunden Informationen zur besseren Orientierung im KaDeWe.** **Betrachte zunächst nur die linke Spalte. Beantworte dann die Fragen in Stichpunkten.** Wann kann man am Samstag im KaDeWe zum Einkaufen gehen? _____ Wie viele Verkaufsetagen hat das KaDeWe? _____ Wie viele Parkhäuser stehen für die Kunden zur Verfügung? _____ Wie heißt das Restaurant im KaDeWe? _____ In welchem Stockwerk kannst du Lebensmittel kaufen? _____ Auf welchen Etagen findest du Toiletten? (Gib alle Etagen an.) _____	3/

Test zur Erfassung der Lernausgangslage Lesen
Sach- und Gebrauchstexte: Das Kaufhaus des Westens

5b Orientiere dich nun auf dem ganzen „Handzettel". 3/
Wo findest du folgende Artikel? Ergänze die Tabelle.

Artikel (z. B.: Hemden)	Abteilung Nr. (z. B.: 1.07)	Bezeichnung der Etage (z. B.: Herrenkollektionen)
CDs		
Friseur		
Wolle		
Abendkleid		
Lampe		
Lippenstift		

5c Entscheide bei jeder Aussage, ob sie wahr (w), falsch (f) oder gar nicht dem 2/
„Handzettel" zu entnehmen ist. Kreuze an.

Aussage	w	f	nicht zu entnehmen
Mit 64 Rolltreppen und 26 Liften gelangt man in jede Etage.			
Man kann täglich um 19.30 Uhr etwas einkaufen.			
Im Sonnenstudio kann man sich gut erholen.			
Tabakwaren erhält man in zwei verschiedenen Etagen.			

Kreuze im Plan der 1. Etage die gesuchten Abteilungen an. 1/
In dieser Abteilung kannst du Herrensocken kaufen.
Der Geschäftsmann sucht sich dort sein Gepäck für die Reise aus.

Kaufhaus des Westens

Öffnungszeiten:

Mo–Do 10–20 Uhr, Fr 10–21 Uhr, Sa 9.30–20 Uhr

- ca. 60 000 m² Verkaufsfläche
- 8 Verkaufsetagen
- 64 Fahrtreppen
- 26 Aufzüge
- 2 Parkhäuser mit insgesamt 1 031 Plätzen

ETAGENINFO

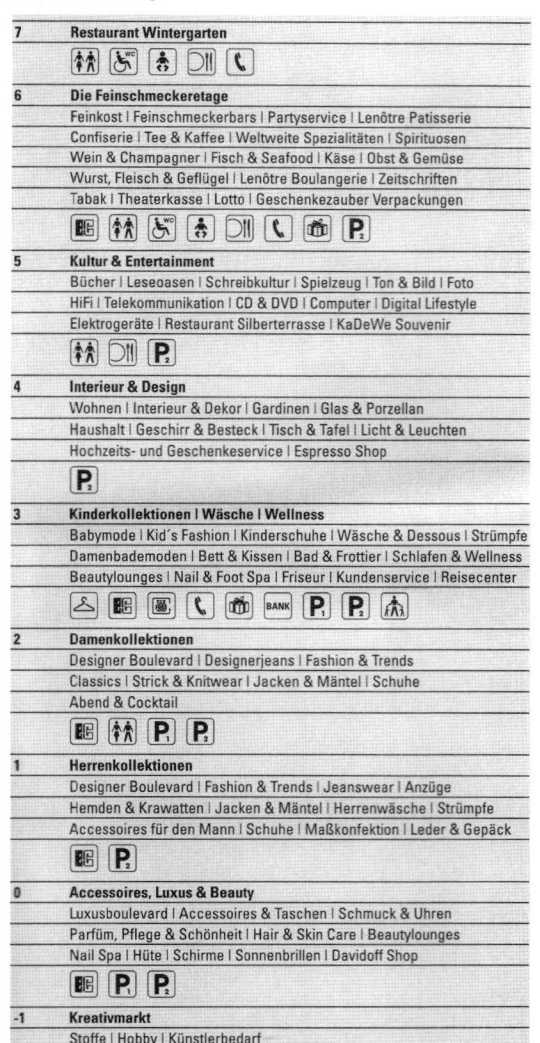

ABTEILUNGEN

A	Abend- und Cocktailmode		2.12	Bett & Kissen	3.05
	Accessoires	Damen	0.03	Bettwäsche	3.06
		Herren	1.01	Blumen (Parkhaus 1)	0.02
	Anzüge		1.02	Body Care	0.05
	Apotheke	(Parkhaus 1)	0.01	Briefmarkenautomat	5.01
B	Babymode		3.01	Bücher	5.02
	Bademoden	Damen	3.02	Bulgari	0.06
		Herren	1.03	C Cartier	0.07
	Badtextilien		3.03	CDs	5.03
	Bastelbedarf	(Parkhaus 1)	-1.01	Chanel	0.08
	Beautylounges		0.04 | 3.04	Computer	5.04
	Besteck		4.01	Confiserie	6.01
D	Damenmode		2.01	Espresso Shop	4.08
	Damenschuhe		2.02	F Fashion & Trends Damen	2.04
	Davidoff Shop		0.09	Herren	1.05
	Designerjeans	Damen	2.03	Feinkost	6.02
		Herren	1.04	Feinschmeckerbars	6.03
	Designermode	Damen	2.13	Fernsehen	5.07
		Herren	1.16	Foto	5.08
	Dessous		3.07	Friseur	3.09
	Deutsche Bahn		3.08	Frottier	3.10
	Dior		0.10	G Gardinen	4.02
	DVDs		5.05	Geschenkeservice	4.03
E	Elektrogeräte		5.06	Geschenkezauber Verpackungen	6.12
	Glas		4.04	Hochzeitsservice	4.06
	Große Größen	Damen	2.05	Home Office	5.10
		Herren	1.06	Hüte Damen	0.14
	Gucci		0.11	Herren	1.12
H	Hair Care		0.12	I Interieur & Dekor	4.07
	Handtaschen		0.13	J Jacken & Mäntel Damen	2.06
	Haushalt		4.05	Herren	1.10
	Hemden		1.07	Jeanswear Damen	2.07
	Herrenmode		1.08	Herren	1.11
	Herrenschuhe		1.09	K KaDeWe Souvenir	5.17
	HiFi		5.09	KarstadtQuelle Bank	3.11
	Hobbybedarf	(Parkhaus 1)	-1.02	Kinderbetreuung	3.13
	Kinderfriseur		3.14	Spielzeug	5.15
	Kindermode		3.12	Stoffe (Parkhaus 1)	-1.05 | 4.11
	Kinderschuhe		3.15	Strick Damen	2.11
	Kosmetik		0.15	Herren	1.17
	Kundenservice		3.16	Strümpfe Damen	3.22
	Künstlerbedarf	(Parkhaus 1)	-1.03	Herren	1.18
	Kurzwaren	(Parkhaus 1)	-1.04	Swarovski	0.25
L	Lenôtre Patisserie & Boulangerie		6.05	Swatch	0.26
	Leysieffer Café		6.04	T Tabak	0.27 | 6.08
	Licht & Leuchten		4.09	Taschen	0.28
	Lotto		6.06	Telekommunikation	5.16
	Louis Vuitton		0.16	Theaterkasse	6.09
M	Maßkonfektion Herren		1.13	Tücher & Schals	0.29
	Montblanc		0.17	U Uhren	0.30
N	Nail & Foot Spa		0.18 | 3.21	W Wäsche Damen	3.19
	Nespresso Shop		4.12	Haushalt	3.20
O	Omega		0.19	Herren	1.15
P	Parfüm		0.20	Wolle & Stricken (Parkhaus 1)	-1.06
	Party- und Präsenteservice		6.07	Z Zeitschriften	6.10
	Passbilder		2.08	Zigarren	0.31 | 6.11
	Porzellan		4.10	Zweitfrisuren	0.32
R	Reisecenter		3.17		
	Reisegepäck		1.14		
	Restaurant Silberterrasse		5.12		
S	Sammelkasse		2.09	**Legende**	
	Schirme		0.21	Luxusboulevard	0
	Schmuck		0.22	Aufzug	0|1|2|3|4|5|6|7
	Schreibwaren		5.13	Luftraum Lichthof	1|2|3|4|5|6
	Servicecenter		3.18	Rolltreppe	0|1|2|3|4|5|6|7
	Software		5.14	Treppe	0|1|2|3|4|5|6|7
	Sonnenbrillen		0.23		

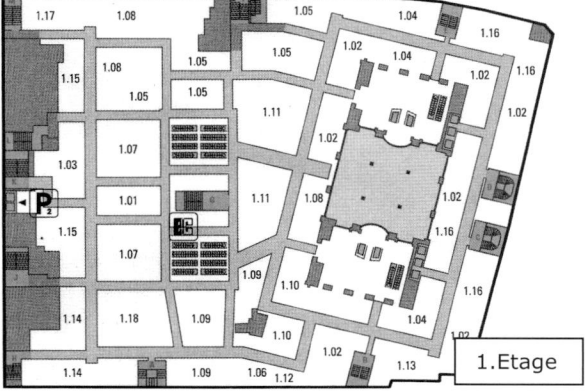

1. Etage

http://www.berlin.de/orte/sehenswuerdigkeiten/kadewe

Test zur Erfassung der Lernausgangslage Lesen
Sach- und Gebrauchstexte: Das Kaufhaus des Westens

AUSWERTUNGSBOGEN SCHÜLER

Name des Schülers: _____ Klasse: _____

Datum: _____ Schuljahr: _____

NIVEAU G	NIVEAU Q	NIVEAU W
1a Explizit im Text vorkommende Informationen wiedergeben /4	**1b** Informationen im Text finden und notieren /2	**1c** Aussagen mit mehreren Textstelle belegen /2
2a Teilüberschriften zuordnen /2	**2b** Teilüberschriften formulieren /3	**2c** Teilüberschriften textbasiert auf ihre Korrektheit hin überprüfen /2
3a Einen Text mit dem Originaltext vergleichen und Abweichungen korrigieren /3	**3b** Aussagen textbasiert auf ihre Korrektheit hin überprüfen /3	**3c** Zu einem Text eine Tabelle ergänzen /4
4a Die Bedeutung eines unbekannten Wortes aus dem Textzusammenhang erschließen /2	**4b** Die Bedeutung von einem Wort aus dem Textzusammenhang erklären /3	**4c** Sprachlich und inhaltlich schwierige Textstellen erklären /3
5a Informationen aus Stichpunkten und einer Tabelle entnehmen /3	**5b** Informationen aus verschiedenen Tabellen entnehmen und eine Tabelle ergänzen /3	**5c** Aussagen textbasiert auf ihre Korrektheit hin überprüfen und Angaben in einem Plan markieren /3
/14	/14	/14

Empfehlung für Niveaustufe ⇨ (G) (Q) (W)

Test zur Erfassung der Lernausgangslage Lesen
Sach- und Gebrauchstexte: Das Kaufhaus des Westens

AUSWERTUNGSBOGEN KLASSE

Klasse: _____ Datum: _____

Schuljahr: _____

Schüler (Name)	erreichte Punktzahl bei den Teilaufgaben					erreichte Punkte in G	erreichte Punkte in Q	erreichte Punkte in W		Niveau-stufe
1	1a:	2a:	3a:	4a:	5a:		-	-		
	1b:	2b:	3b:	4b:	5b:	-		-	⇨	
	1c:	2c:	3c:	4c:	5c:	-	-			
2	1a:	2a:	3a:	4a:	5a:		-	-		
	1b:	2b:	3b:	4b:	5b:	-		-	⇨	
	1c:	2c:	3c:	4c:	5c:	-	-			
3	1a:	2a:	3a:	4a:	5a:		-	-		
	1b:	2b:	3b:	4b:	5b:	-		-	⇨	
	1c:	2c:	3c:	4c:	5c:	-	-			
4	1a:	2a:	3a:	4a:	5a:		-	-		
	1b:	2b:	3b:	4b:	5b:	-		-	⇨	
	1c:	2c:	3c:	4c:	5c:	-	-			
5	1a:	2a:	3a:	4a:	5a:		-	-		
	1b:	2b:	3b:	4b:	5b:	-		-	⇨	
	1c:	2c:	3c:	4c:	5c:	-	-			
6	1a:	2a:	3a:	4a:	5a:		-	-		
	1b:	2b:	3b:	4b:	5b:	-		-	⇨	
	1c:	2c:	3c:	4c:	5c:	-	-			
7	1a:	2a:	3a:	4a:	5a:		-	-		
	1b:	2b:	3b:	4b:	5b:	-		-	⇨	
	1c:	2c:	3c:	4c:	5c:	-	-			
8	1a:	2a:	3a:	4a:	5a:		-	-		
	1b:	2b:	3b:	4b:	5b:	-		-	⇨	
	1c:	2c:	3c:	4c:	5c:	-	-			
9	1a:	2a:	3a:	4a:	5a:		-	-		
	1b:	2b:	3b:	4b:	5b:	-		-	⇨	
	1c:	2c:	3c:	4c:	5c:	-	-			
10	1a:	2a:	3a:	4a:	5a:		-	-		
	1b:	2b:	3b:	4b:	5b:	-		-	⇨	
	1c:	2c:	3c:	4c:	5c:	-	-			

II. Test zur Erfassung der Lernausgangslage Lesen

Test zur Erfassung der Lernausgangslage Lesen
Sach- und Gebrauchstexte: Das Kaufhaus des Westens

11	1a:	2a:	3a:	4a:	5a:		–	–		
	1b:	2b:	3b:	4b:	5b:	–		–	⇒	
	1c:	2c:	3c:	4c:	5c:	–	–			
12	1a:	2a:	3a:	4a:	5a:		–	–		
	1b:	2b:	3b:	4b:	5b:	–		–	⇒	
	1c:	2c:	3c:	4c:	5c:	–	–			
13	1a:	2a:	3a:	4a:	5a:		–	–		
	1b:	2b:	3b:	4b:	5b:	–		–	⇒	
	1c:	2c:	3c:	4c:	5c:	–	–			
14	1a:	2a:	3a:	4a:	5a:		–	–		
	1b:	2b:	3b:	4b:	5b:	–		–	⇒	
	1c:	2c:	3c:	4c:	5c:	–	–			
15	1a:	2a:	3a:	4a:	5a:		–	–		
	1b:	2b:	3b:	4b:	5b:	–		–	⇒	
	1c:	2c:	3c:	4c:	5c:	–	–			
16	1a:	2a:	3a:	4a:	5a:		–	–		
	1b:	2b:	3b:	4b:	5b:	–		–	⇒	
	1c:	2c:	3c:	4c:	5c:	–	–			
17	1a:	2a:	3a:	4a:	5a:		–	–		
	1b:	2b:	3b:	4b:	5b:	–		–	⇒	
	1c:	2c:	3c:	4c:	5c:	–	–			
18	1a:	2a:	3a:	4a:	5a:		–	–		
	1b:	2b:	3b:	4b:	5b:	–		–	⇒	
	1c:	2c:	3c:	4c:	5c:	–	–			
19	1a:	2a:	3a:	4a:	5a:		–	–		
	1b:	2b:	3b:	4b:	5b:	–		–	⇒	
	1c:	2c:	3c:	4c:	5c:	–	–			
20	1a:	2a:	3a:	4a:	5a:		–	–		
	1b:	2b:	3b:	4b:	5b:	–		–	⇒	
	1c:	2c:	3c:	4c:	5c:	–	–			
21	1a:	2a:	3a:	4a:	5a:		–	–		
	1b:	2b:	3b:	4b:	5b:	–		–	⇒	
	1c:	2c:	3c:	4c:	5c:	–	–			
22	1a:	2a:	3a:	4a:	5a:		–	–		
	1b:	2b:	3b:	4b:	5b:	–		–	⇒	
	1c:	2c:	3c:	4c:	5c:	–	–			

II. Test zur Erfassung der Lernausgangslage Lesen

Test zur Erfassung der Lernausgangslage Lesen
Sach- und Gebrauchstexte: Das Kaufhaus des Westens

23	1a:	2a:	3a:	4a:	5a:	▓	-	-	
	1b:	2b:	3b:	4b:	5b:	-	▓	-	⇨
	1c:	2c:	3c:	4c:	5c:	-	-	▓	
24	1a:	2a:	3a:	4a:	5a:	▓	-	-	
	1b:	2b:	3b:	4b:	5b:	-	▓	-	⇨
	1c:	2c:	3c:	4c:	5c:	-	-	▓	
25	1a:	2a:	3a:	4a:	5a:	▓	-	-	
	1b:	2b:	3b:	4b:	5b:	-	▓	-	⇨
	1c:	2c:	3c:	4c:	5c:	-	-	▓	
26	1a:	2a:	3a:	4a:	5a:	▓	-	-	
	1b:	2b:	3b:	4b:	5b:	-	▓	-	⇨
	1c:	2c:	3c:	4c:	5c:	-	-	▓	
27	1a:	2a:	3a:	4a:	5a:	▓	-	-	
	1b:	2b:	3b:	4b:	5b:	-	▓	-	⇨
	1c:	2c:	3c:	4c:	5c:	-	-	▓	
28	1a:	2a:	3a:	4a:	5a:	▓	-	-	
	1b:	2b:	3b:	4b:	5b:	-	▓	-	⇨
	1c:	2c:	3c:	4c:	5c:	-	-	▓	
29	1a:	2a:	3a:	4a:	5a:	▓	-	-	
	1b:	2b:	3b:	4b:	5b:	-	▓	-	⇨
	1c:	2c:	3c:	4c:	5c:	-	-	▓	
30	1a:	2a:	3a:	4a:	5a:	▓	-	-	
	1b:	2b:	3b:	4b:	5b:	-	▓	-	⇨
	1c:	2c:	3c:	4c:	5c:	-	-	▓	

II. Test zur Erfassung der Lernausgangslage Lesen

Thema: Alles, was recht ist!
Sach- und Gebrauchstexte: Ein zu schneller Klick kann im Internet teuer werden

EIN ZU SCHNELLER KLICK KANN IM INTERNET TEUER WERDEN

Möglicher Ablauf

Einstieg
- ✓ Bildimpuls: Folie „Im Internet surfen" zeigen (vgl. Folie/Anhang)
- ✓ Schüler äußern sich
- ✓ Cluster zum Thema „Internet" an der Tafel erstellen; Gefahren/Probleme thematisieren und zum Text überleiten
- ✓ Lehrervortrag des ersten Abschnitts (Zeilen 1–7); Schüler stellen Vermutungen über den weiteren Textinhalt an
- ✓ Schüler lesen den Text still durch und markieren unbekannte Wörter
- ✓ Schüler äußern Fragen und Eindrücke zum Text

Texterarbeitung

1. Genaues Lesen
Aufgabe 1: über die Zeilengrenzen hinaus flüssig lesen, mit dem Zeilenlineal arbeiten
Aufgabe 2: unbekannte Wörter klären, Nachschlagewerke nutzen
Aufgabe 3: Orts- und Zeitangaben aus dem Text entnehmen
Aufgabe 4: Informationen (Schlüsselwörter) in Textabschnitten finden und markieren

2. Textverständnis
Aufgabe 5: W-Fragen zum Text beantworten
Aufgabe 6: einen Text mit dem Originaltext vergleichen und Abweichungen korrigieren
Aufgabe 7: einfache W-Fragen zum Text stellen
Aufgabe 8: in einem gegliederten Text Abschnitte erkennen, Teilüberschriften/Kernaussagen ordnen/zuordnen
Aufgabe 9: die Bedeutung eines unbekannten Wortes aus dem Textzusammenhang erschließen
Aufgabe 10: die Textintention bei einfachen Texten erkennen

Thema: Alles, was recht ist!
Sach- und Gebrauchstexte: Ein zu schneller Klick kann im Internet teuer werden

Anhang

Folie: Im Internet surfen

Ein zu schneller Klick kann im Internet teuer werden

BONNDORF. Gewalt, Pornografie, Abzocke, Raubkopien, Viren: Die Gefahren, die im Internet lauern, sind vielfältig, und groß ist die Gefahr, im World Wide Web Opfer einer Straftat oder selbst zum Straftäter zu werden. Gerade Jugendliche sind hier besonders gefährdet; ein Grund, warum die Polizeidirektion (PD) Waldshut-Tiengen an die Schulen geht, um über diese Gefahren zu informieren. In dieser Woche waren zwei Beamte in der Bonndorfer Haupt- und Realschule zu Gast und informierten am Dienstagabend Eltern, Lehrer und Schüler über Möglichkeiten und Gefahren des Internets. […]

Hilpert und Döbele sind Mitglieder der „Edic", der Ermittlungsgruppe Daten, Internet, Computer, die sich bei der PD mit Computerkriminalität beschäftigt – und die viel zu tun hat. Bereits bei zehn Prozent aller Straftaten im Kreis spielt Computerkriminalität eine Rolle, über 300 PCs werden jährlich beschlagnahmt. Die Gründe sind vielfältig: Raubkopien spielen da ebenso eine Rolle wie Pornografie, Urheberrechtsverletzungen, Abzocke oder Betrug. Wobei Ermittlungen und die Beschlagnahme und Untersuchung von Computern oft genug weitere Straftaten sichtbar machen: In vielen Fällen wird unerlaubt installierte Software entdeckt.

Auch Handys spielen eine immer größere Rolle. Aus dem Internet heruntergeladene Gewaltvideos machen so die Runde unter Jugendlichen, und oft genug werden mit den Mobiltelefonen selbst Filme gedreht und ins Internet gestellt: Aufgenommene Prügeleien genauso wie Peinlichkeiten, zum Beispiel Aufnahmen auf der Toilette. Ziel ist es meist, andere bloßzustellen: „Mobbing vom Feinsten, die Fantasie der Jugendlichen ist faszinierend", so Döbele.

Chat-Foren sind „ein Tummelplatz von Pädophilen und Marktplatz für Drogengeschäfte". Hier sind nicht nur Jugendliche oft zu sorglos im Umgang mit persönlichen Daten: Etwas mehr Misstrauen gegenüber den Profilen von Chat-Partnern ist hier ebenso angebracht wie Zurückhaltung bei der Preisgabe von Informationen über sich selbst wie die Angabe von Telefonnummern, Adressen oder die Herausgabe eigener Bilder.

Musterlösungen hatten die Polizeibeamten nicht, einige Tipps konnten sie gleichwohl geben. Gespräche mit den Kindern und Information sind dabei das Wichtigste. „Reden Sie mit Ihren Kindern über die Gefahren", so Hilpert, „und legen Sie Regeln fest, wann gesurft werden darf und welche Daten Ihre Kinder beim Chatten preisgeben dürfen." Offene Funknetze sollen gemieden werden und die Webcam ausgeschaltet bleiben, empfehlenswert ist allemal Schutzsoftware. Misstrauen gegenüber „supergünstigen Angeboten" sei immer angebracht, und ein Klick zu viel könne teuer werden: „Lesen Sie genau, bevor Sie akzeptieren."

Wichtig: Nicht selbst zum Täter werden. So können schwarz heruntergeladene Musiktitel oder Filme Millionenforderungen zur Folge haben. […] Andererseits: Das Internet bietet auch Chancen und Möglichkeiten.

Sahli, Stefan: Ein zu schneller Klick kann im Internet teuer werden.
http://www.badische-zeitung.de/bonndorf/ ein-zu-schneller-klick-kann-im-internet-teuer-werden--8091438.html (leicht verändert und gekürzt)

Thema: Alles, was recht ist!
Sach- und Gebrauchstexte: Ein zu schneller Klick kann im Internet teuer werden

Niveau G

1. Lies den Text mit deinem Partner gemeinsam laut vor. Wechselt euch nach jedem Satz ab. Achtet beim Lesen genau auf Punkte und Kommas.

   Tipp: Wenn du dein Zeilenlineal benutzt, geht es leichter.

2. Finde folgende Wörter im Text, unterstreiche sie und schlage ihre Bedeutung im Wörterbuch nach. Schreibe deine Ergebnisse in dein Heft.

   | Viren | Direktion | Beschlagnahme | Mobbing | Foren | Profil |

3. Beantworte die folgenden Fragen. Schreibe neben deine Antwort, in welcher Zeile die Informationen im Text zu finden sind.

   a) In welchem Ort befindet sich die Haupt- und Realschule, um die es in dem Text geht?
   _____ (Zeile ____)

   b) Wann fand der Informationsabend an der Schule statt?
   _____ (Zeile ____)

4. Sieh dir die unten stehenden Reizwortketten an. Welche Wörter sind nicht in dem jeweiligen Abschnitt zu finden? Streiche sie durch.

   Abschnitt 1: Gewalt – Polizisten – Straftat – Grund – Computer

   Abschnitt 2: Daten – Gründe – Betrug – Programme – Rolle

   Abschnitt 3: Handys – Gewaltvideos – Klingeltöne – Peinlichkeiten

   Abschnitt 4: Vorsicht – Tummelplatz – Polizisten – Adresse – Fotos

5. Beantworte die Fragen zum Text.

   Tipp: Die Zeilenangaben verraten dir, wo du die notwendigen Informationen findest.

   a) Welche Gefahren gibt es im Internet? (Zeilen 1–3)
   _____
   _____
   _____

   b) Warum werden viele Computer beschlagnahmt? (Zeilen 11–14)
   _____
   _____
   _____

III. Material zur Individuellen Förderung

Thema: Alles, was recht ist!
Sach- und Gebrauchstexte: Ein zu schneller Klick kann im Internet teuer werden

c) Welche Informationen soll man im Chat nicht veröffentlichen? (Zeilen 23–24)

_____
_____
_____

d) Welches Ziel haben selbst gedrehte Handyvideos häufig? (Zeilen 18–19)

_____
_____
_____

6. Im unten stehenden Textausschnitt haben sich einige Fehler eingeschlichen. Streiche die falschen Wörter durch und schreibe den Text im richtigen Wortlaut in dein Heft.

Auch Handys spielen eine immer größere Rolle. Aus dem Internet heruntergeladene Videos machen so die Runde unter Kindern, und oft genug werden mit den Mobiltelefonen selbst Filme gemacht und ins Internet gestellt: aufgenommene Schlägereien ebenso wie Peinlichkeiten, zum Beispiel Aufnahmen auf der Straße.

7. Überlege dir drei W-Fragen zum Text und schreibe sie auf ein Blatt Papier. Notiere die dazugehörigen Antworten auf der Rückseite. Gib die Fragen deinem Partner zum Lösen. Du beantwortest dafür seine Fragen.

8. In welchem Abschnitt stehen die folgenden Aussagen? Trage die entsprechende Nummer des Abschnitts und die Zeilennummern in die Tabelle ein.

Abschnitt	Zeilen	Aussage
3	15–19	Jugendliche drehen mit ihren Handys schlimme Filme.
		Zwei Beamte informieren Schüler über die Gefahren im Internet.
		Immer mehr PCs werden beschlagnahmt.
		Tipps für Eltern und Kinder
		Im Chat darf man keine persönlichen Daten bekanntgeben.

9. Lies die Zeilen 20 und 21 aufmerksam durch. Erkläre das Wort „Tummelplatz" mit eigenen Worten. Schreibe deine Antwort hier auf.

_____
_____
_____

III. Material zur Individuellen Förderung

Thema: Alles, was recht ist!

Sach- und Gebrauchstexte: Ein zu schneller Klick kann im Internet teuer werden

NIVEAU G

10.

a) Im Text werden dem Leser Tipps in Sachen Internetnutzung gegeben. Welche sind das? Kreuze die Empfehlungen an, die im Text zu finden sind.

Der Text will
- ☐ Kinder dazu auffordern, nicht zu lange im Internet zu surfen.
- ☐ Kinder davor warnen, im Internet persönliche Daten zu veröffentlichen.
- ☐ Eltern dazu auffordern, ihren Kindern das Chatten zu verbieten.
- ☐ Kinder und Eltern davor warnen, selbst zu Straftätern zu werden.
- ☐ auf Urheberrechtsverletzungen aufmerksam machen.
- ☐ auf Mobbing im Internet hinweisen.

b) Überlege, welches Anliegen dir persönlich am wichtigsten wäre. Markiere eine der Aussagen aus Aufgabe 10 a). Vergleiche deine Antwort dann mit der deines Partners. Diskutiert über eure Ansichten.

III. Material zur Individuellen Förderung

Thema: Alles, was recht ist!

Sach- und Gebrauchstexte: Ein zu schneller Klick kann im Internet teuer werden

Ein zu schneller Klick kann im Internet teuer werden

Möglicher Ablauf

Einstieg

- ✓ Bildimpuls: Folie „Im Internet surfen" zeigen (vgl. Folie Seite 23)
- ✓ Schüler äußern sich
- ✓ Cluster zum Thema „Internet" an der Tafel erstellen; Gefahren/Probleme thematisieren und zum Text überleiten
- ✓ Lehrervortrag des ersten Abschnitts (Zeilen 1–7); Schüler stellen Vermutungen über den weiteren Textinhalt an
- ✓ Schüler lesen den Text still durch und markieren unbekannte Wörter
- ✓ Schüler äußern Fragen und Eindrücke zum Text

Texterarbeitung

1. Genaues Lesen

Aufgabe 1: verschiedene Nachschlagewerke nutzen
Aufgabe 2: Informationen in Texten finden und markieren
Aufgabe 3: Aussagen mit einer Textstelle belegen

2. Textverständnis

Aufgabe 4: Teilüberschriften/Kernaussagen zu Textabschnitten formulieren
Aufgabe 5: Fragen zum Text formulieren
Aufgabe 6: Aussagen textbasiert in die richtige Reihenfolge bringen
Aufgabe 7: direkte und indirekte Rede unterscheiden und markieren

3. Weiterführende Aufgaben

Aufgabe 8: zum Text eine begründete Meinung formulieren
Aufgabe 9: Informationen aus komplexen Schaubildern entnehmen, ein eigenes Schaubild erstellen

III. Material zur Individuellen Förderung

Ein zu schneller Klick kann im Internet teuer werden

BONNDORF. Gewalt, Pornografie, Abzocke, Raubkopien, Viren: Die Gefahren, die im Internet lauern, sind vielfältig, und groß ist die Gefahr, im World Wide Web Opfer einer Straftat oder selbst zum Straftäter zu werden. Gerade Jugendliche sind hier besonders gefährdet; ein Grund, warum die Polizeidirektion (PD) Waldshut-Tiengen an die Schulen geht, um über diese Gefahren zu informieren. In dieser Woche waren zwei Beamte in der Bonndorfer Haupt- und Realschule zu Gast und informierten am Dienstagabend Eltern, Lehrer und Schüler über Möglichkeiten und Gefahren des Internets. […]

Hilpert und Döbele sind Mitglieder der „Edic", der Ermittlungsgruppe Daten, Internet, Computer, die sich bei der PD mit Computerkriminalität beschäftigt – und die reichlich zu tun hat. Bereits bei zehn Prozent aller Straftaten im Kreis spiele Computerkriminalität eine Rolle, über 300 PCs würden jährlich beschlagnahmt. Die Gründe seien vielfältig: Raubkopien spielten da ebenso eine Rolle wie Pornografie, Urheberrechtsverletzungen, Abzocke oder Betrug. Wobei Ermittlungen und die Beschlagnahme und Untersuchung von Computern oft genug weitere Straftaten sichtbar machten: In nicht wenigen Fällen würde illegal installierte Software entdeckt.

Auch Handys spielten eine immer größere Rolle. Aus dem Internet heruntergeladene Gewaltvideos würden so die Runde unter Jugendlichen machen, und oft genug würden mit den Mobiltelefonen selbst Filme gedreht und ins Internet gestellt: Aufgenommene Prügeleien genauso wie Peinlichkeiten, zum Beispiel Aufnahmen auf der Toilette. Ziel sei es meist, andere bloßzustellen: „Mobbing vom Feinsten, die Fantasie der Jugendlichen ist faszinierend", so Döbele.

Ein besonderes Augenmerk legten die Beamten auch auf die Chat-Foren, „ein Tummelplatz von Pädophilen und Marktplatz für Drogengeschäfte". Hier seien nicht nur Jugendliche oft zu sorglos im Umgang mit sensiblen Daten: Etwas mehr Misstrauen gegenüber den Profilen von Chat-Partnern sei hier ebenso angebracht wie Zurückhaltung bei der Preisgabe von Informationen über sich selbst wie die Angabe von Telefonnummern, Adressen oder die Herausgabe eigener Bilder.

Patentrezepte hatten die Polizeibeamten nicht parat, einige Tipps konnten sie gleichwohl geben: Gespräche mit den Kindern und Information seien dabei das Wichtigste. „Reden Sie mit Ihren Kindern über die Gefahren", so Hilpert, „und legen Sie Regeln fest, wann gesurft werden darf und welche Daten Ihre Kinder beim Chatten preisgeben dürfen." Offene Funknetze sollten gemieden werden und die Webcam ausgeschaltet bleiben, empfehlenswert sei allemal Schutzsoftware. Misstrauen gegenüber „supergünstigen Angeboten" sei immer angebracht, und ein Klick zu viel könne teuer werden: „Lesen Sie genau, bevor Sie akzeptieren."

Wichtig: Nicht selbst zum Täter werden. So könnten schwarz heruntergeladene Musiktitel oder Filme zivilrechtliche Millionenforderungen zur Folge haben. […] Andererseits: Das Internet berge nicht nur Gefahren, es biete auch Chancen und Möglichkeiten, wenn man es mit Aufmerksamkeit nutzt.

Sahli, Stefan: Ein zu schneller Klick kann im Internet teuer werden.
http://www.badische-zeitung.de/bonndorf/ein-zu-schneller-klick-kann-im-internet-teuer-werden--8091438.html (leicht verändert und gekürzt)

Thema: Alles, was recht ist!
Sach- und Gebrauchstexte: Ein zu schneller Klick kann im Internet teuer werden

1. Finde folgende Wörter im Text, unterstreiche sie und schlage ihre Bedeutung im Wörterbuch nach. Schreibe deine Ergebnisse in dein Heft.

Viren	Direktion	Beschlagnahme	illegal	Mobbing	Foren
	sensibel	Profil	Patent	parat	

2. Im Text werden Gefahren des Internets genannt. Lies den Text sorgfältig durch und achte besonders auf diesbezügliche Aussagen. Markiere sie im Text.

3. Die unten stehenden Aussagen finden sich auch im Text. Allerdings haben sie dort einen anderen Wortlaut. Suche die Aussagen, unterstreiche sie und schreibe den Satz aus dem Text hier auf. Gib auch an, in welcher Zeile du den Satz gefunden hast.

a) Auf Chat-Foren achteten die Polizisten besonders.

_____

_____ (Zeile ____)

b) Auf Computern wurden unerlaubte Programme gefunden.

_____

_____ (Zeile ____)

c) Die Polizisten konnten keine Musterlösung geben.

_____

_____ (Zeile ____)

4. Der Text besteht aus sechs Abschnitten.

a) Markiere die Abschnitte im Text und nummeriere sie. Trage die Abschnitts- und Zeilennummern in die Tabelle auf der nächsten Seite ein.

b) Überlege dir für jeden Abschnitt eine passende Überschrift. Schreibe diese ebenfalls in die Tabelle.

Thema: Alles, was recht ist!

Sach- und Gebrauchstexte: Ein zu schneller Klick kann im Internet teuer werden

Abschnitt	Zeilen	Überschrift
1	1–7	

5. Überlege dir vier Fragen zum Text und schreibe sie auf ein Blatt Papier. Notiere die Antworten dazu auf der Rückseite. Gib die Fragen deinem Partner zum Lösen. Du beantwortest dafür seine Fragen.

6. Die unten stehenden Aussagen sind durcheinandergeraten. Nummeriere sie in der Reihenfolge, in der sie im Text stehen.

☐ Jugendliche können im Internet leicht zu Opfern und Straftätern werden.

☐ Unvorsichtiges Anklicken kann viel Geld kosten.

☐ Persönliche Daten sollen nicht leichtfertig im Internet bekanntgegeben werden.

☐ Viele Jugendliche haben Gewaltvideos.

☐ Die Polizisten wurden in die Schule eingeladen.

☐ Eine Schutzsoftware ist empfehlenswert.

7. Lies den fünften und den sechsten Abschnitt sorgfältig durch. Unterstreiche alle Sätze in direkter Rede grün und alle Sätze in indirekter Rede orange.

III. Material zur Individuellen Förderung

Thema: Alles, was recht ist!
Sach- und Gebrauchstexte: Ein zu schneller Klick kann im Internet teuer werden

8. Im Internet lauern nicht nur Gefahren; das Internet bietet auch Chancen und Möglichkeiten. Führe drei Beispiele an, die diese Aussage belegen. Schreibe in ganzen Sätzen in dein Heft.

9. Die Grafik zeigt die Internet-Aktivitäten von Jugendlichen im Jahr 2008.

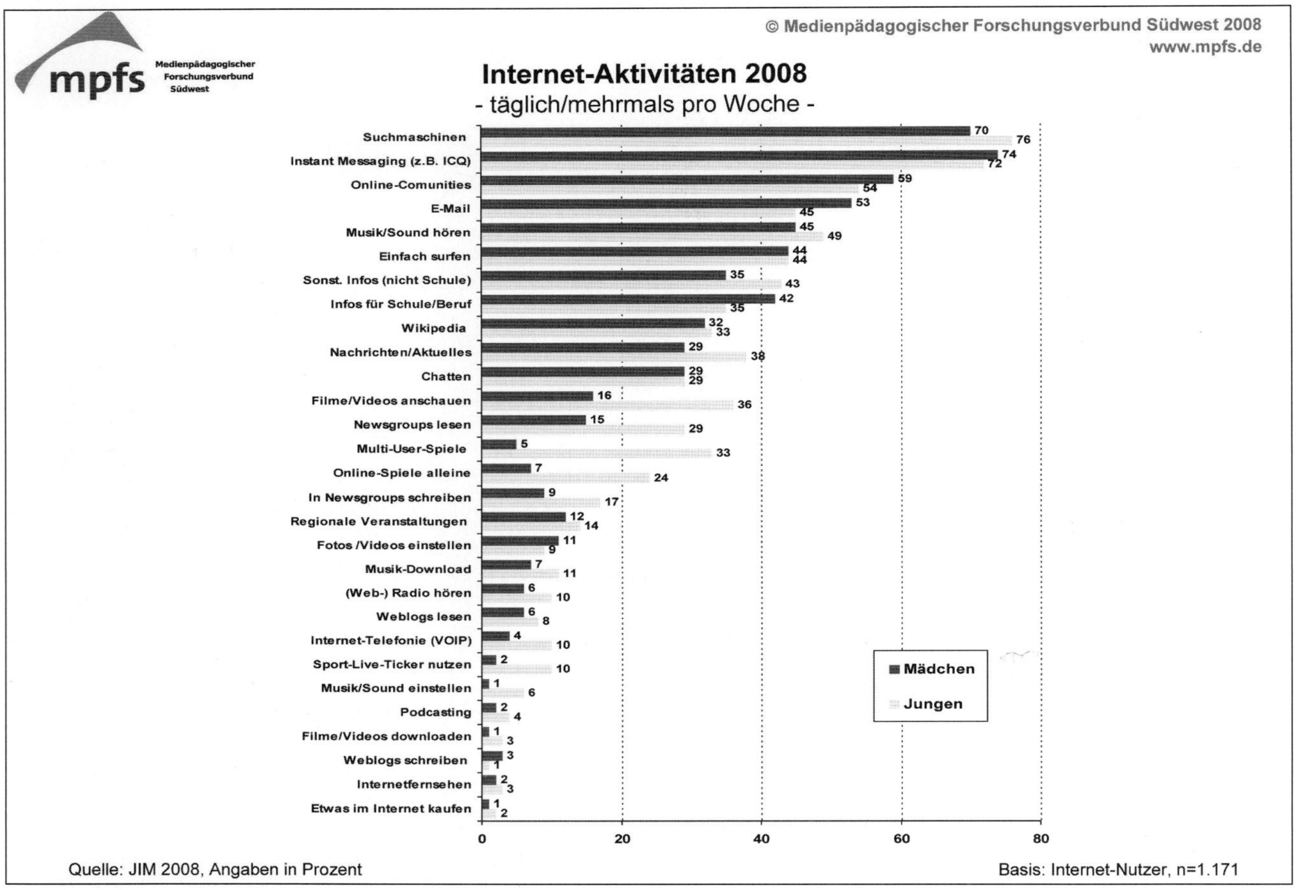

![Grafik: Internet-Aktivitäten 2008 – täglich/mehrmals pro Woche, Quelle: JIM 2008, Angaben in Prozent, Basis: Internet-Nutzer, n=1.171]

a) Sieh dir die Grafik genau an. Lies den Lückentext und trage die fehlenden Zahlen ein.

Betrachtet man die Aktivitäten, denen Jugendliche im Internet regelmäßig nachgehen, so stehen kommunikative Tätigkeiten im Vordergrund. _____% der Mädchen und _____% der Jungen beschäftigen sich mit Instant Messaging. Das sind durchschnittlich _____ % aller Jugendlichen. In Chatrooms sind ____ % der jugendlichen Nutzer anzutreffen. Und _____% versenden oder empfangen E-Mails. Weite Verbreitung hat das Internet bei den Jugendlichen aber auch als Informationsmedium – sei es für die Recherche zu interessanten Themen (_____ %), um sich über das aktuelle Geschehen zu informieren oder Nachrichten zu lesen (_____%) oder natürlich für schulische oder berufliche Belange (_____%). Wichtig ist in diesem Zusammenhang auch das Anhören von Musik (_____%).

b) Überlege, welche Internet-Aktivitäten du täglich ausübst. Erstelle für deine täglichen Aktivitäten eine eigene Grafik auf einem karierten Blatt Papier. Trage auf der y-Achse (senkrecht) die Internet-Aktivität und auf der x-Achse (waagrecht) deren Dauer in Minuten ein. Verwende für zehn Minuten einen Zentimeter als Maßeinheit.

Ein zu schneller Klick kann im Internet teuer werden

Möglicher Ablauf

Einstieg

- ✓ Bildimpuls: Folie „Im Internet surfen" zeigen (vgl. Folie Seite 23)
- ✓ Schüler äußern sich
- ✓ Cluster zum Thema „Internet" an der Tafel erstellen lassen; Gefahren/Probleme thematisieren und zum Text überleiten
- ✓ Lehrervortrag des ersten Abschnitts (Zeile 1–7); Schüler stellen Vermutungen über den weiteren Textinhalt an
- ✓ Schüler lesen den Text still durch und markieren unbekannte Wörter
- ✓ Schüler äußern Fragen und Eindrücke zum Text

Texterarbeitung

1. Genaues Lesen

Aufgabe 1: verschiedene Nachschlagewerke selbstständig nutzen
Aufgabe 2: Nomen erkennen und zuordnen
Aufgabe 3: direkte und indirekte Rede unterscheiden und markieren
Aufgabe 4: die Reihenfolge von Reizwörtern auf ihre Korrektheit hin überprüfen

2. Textverständnis

Aufgabe 5: Teilüberschriften/Kernaussagen zu Textabschnitten formulieren
Aufgabe 6: eine Aussage mit mehreren Textstellen belegen
Aufgabe 7: Teilüberschriften/Kernaussagen textbasiert auf ihre Korrektheit hin überprüfen
Aufgabe 8: sprachlich und inhaltlich schwierige Textstellen erklären

3. Weiterführende Aufgaben

Aufgabe 9: zu einem Text ein Schaubild/eine Tabelle erstellen
Aufgabe 10: textbasiert komplexe Schlussfolgerungen ziehen
Aufgabe 11: zu einem Text eine Tabelle erstellen

Ein zu schneller Klick kann im Internet teuer werden

BONNDORF. Gewalt, Pornografie, Abzocke, Raubkopien, Viren: Die Gefahren, die im Internet lauern, sind vielfältig, und groß ist die Gefahr, im World Wide Web Opfer einer Straftat oder selbst zum Straftäter zu werden. Gerade Jugendliche sind hier besonders gefährdet; ein Grund, warum die Polizeidirektion (PD) Waldshut-Tiengen an die Schulen geht, um über diese Gefahren zu informieren. In dieser Woche waren zwei Beamte in der Bonndorfer Haupt- und Realschule zu Gast und informierten am Dienstagabend Eltern, Lehrer und Schüler über Möglichkeiten und Gefahren des Internets. […]

Die Beamten waren auf Einladung des Fördervereins der Grund- und Hauptschule zunächst in den achten Klassen der Haupt- und Realschule zu Gast und haben mit den Schülern über das Thema diskutiert. Ihr Besuch in Bonndorf mündete am Dienstagabend in einer Veranstaltung für die Öffentlichkeit, deren reger Besuch Kriminaloberkommissar Gerald Hilpert und seinen Kollegen Michael Döbele augenscheinlich selbst überraschte: Über 70 Besucher, vorwiegend wohl Eltern, waren ins „Logofit" gekommen.

Hilpert und Döbele sind Mitglieder der „Edic", der Ermittlungsgruppe Daten, Internet, Computer, die sich bei der PD mit Computerkriminalität beschäftigt – und die reichlich zu tun hat. Bereits bei zehn Prozent aller Straftaten im Kreis spiele Computerkriminalität eine Rolle, über 300 PCs würden jährlich beschlagnahmt. Die Gründe seien vielfältig: Raubkopien spielten da ebenso eine Rolle wie Pornografie, Urheberrechtsverletzungen, „Abzocke" oder Betrug. Wobei Ermittlungen und die Beschlagnahme und Untersuchung von Computern oft genug weitere Straftaten sichtbar machten: In nicht wenigen Fällen würde illegal installierte Software entdeckt.

Auch Handys spielten eine immer größere Rolle. Aus dem Internet heruntergeladene Gewaltvideos würden so die Runde unter Jugendlichen machen, und oft genug würden mit den Mobiltelefonen selbst Filme gedreht und ins Internet gestellt: Aufgenommene Prügeleien genauso wie Peinlichkeiten, zum Beispiel Aufnahmen auf der Toilette. Ziel sei es meist, andere bloßzustellen: „Mobbing vom Feinsten, die Fantasie der Jugendlichen ist faszinierend", so Döbele.

Bei der Preisgabe sensibler Daten sei besondere Vorsicht geboten. Ein besonderes Augenmerk legten die Beamten auch auf die Chat-Foren, „ein Tummelplatz von Pädophilen und Marktplatz für Drogengeschäfte". Hier seien nicht nur Jugendliche oft zu sorglos im Umgang mit sensiblen Daten: Etwas mehr Misstrauen gegenüber den Profilen von Chat-Partnern sei hier ebenso angebracht wie Zurückhaltung bei der Preisgabe von Informationen über sich selbst wie die Angabe von Telefonnummern, Adressen oder die Herausgabe eigener Bilder.

Patentrezepte hatten die Polizeibeamten nicht parat, einige Tipps konnten sie gleichwohl geben: Gespräche mit den Kindern und Information seien dabei das Wichtigste. „Reden Sie mit Ihren Kindern über die Gefahren", so Hilpert, „und legen Sie Regeln fest, wann gesurft werden darf und welche Daten Ihre Kinder beim Chatten preisgeben dürfen." Offene Funknetze sollten gemieden werden und die Webcam ausgeschaltet bleiben, empfehlenswert sei allemal Schutzsoftware.

Thema: Alles, was recht ist!
Sach- und Gebrauchstexte: Ein zu schneller Klick kann im Internet teuer werden

37 Misstrauen gegenüber „supergünstigen Angeboten" sei immer angebracht, und ein Klick zu viel
38 könne teuer werden: „Lesen Sie genau, bevor Sie akzeptieren."

39 Wichtig: Nicht selbst zum Täter werden. So könnten schwarz heruntergeladene Musiktitel oder
40 Filme zivilrechtliche Millionenforderungen zur Folge haben. Nicht nur die strafrechtlichen Folgen
41 seien also zu fürchten, wobei Jugendliche davor meist weniger Furcht hätten als vor der Einziehung
42 und Vernichtung ihres Computers, wenn der für Straftaten missbraucht wird. […] Andererseits:
43 Das Internet berge nicht nur Gefahren, es biete auch Chancen und Möglichkeiten, wenn man es mit
44 Aufmerksamkeit nutzt.

Sahli, Stefan: Ein zu schneller Klick kann im Internet teuer werden.
http://www.badische-zeitung.de/bonndorf/ein-zu-schneller-klick-kann-im-internet-teuer-werden--8091438.html (leicht verändert)

Thema: Alles, was recht ist!

Sach- und Gebrauchstexte: Ein zu schneller Klick kann im Internet teuer werden

 1. Lies den Text sorgfältig und unterstreiche alle Wörter, die dir unbekannt sind. Schlage die unterstrichenen Wörter selbstständig im Wörterbuch nach und schreibe sie mit ihrer Bedeutung in dein Heft.

 2.

a) Unterstreiche alle Nomen im Text.
b) Trage nun alle Nomen in die unten stehende Tabelle ein, die auf -ung, -keit und -nis enden. Notiere die Nomen mit ihren Artikeln.
c) Finde für die „freien Plätze" eigene Nomen.

-ung	-keit	-nis

 3. Lies dir den Text von Zeile 32 bis Zeile 44 durch und unterstreiche alle Sätze grün, die in direkter Rede stehen. Die der indirekten Rede unterstreichst du orange.

4. Die folgenden Reizwortketten passen jeweils zu einem Abschnitt des Textes. In jeder Reizwortkette ist allerdings ein Wort enthalten, das nicht in die Kette passt. Streiche es durch und schreibe die übrigen Reizwörter in der richtigen Reihenfolge auf die freien Zeilen.

a) Internet – Opfer – Strafe – Jugendliche – Straftäter – Gewalt – Abzocke

_____

_____

b) Tipps – Gefahren – Rezept – Webcam – Schutzsoftware – Chatten

_____

_____

c) Prozent – Raubkopien – Abzocke – Kreis – Fällen – Gruppen – Gründe

_____

_____

III. Material zur Individuellen Förderung

Thema: Alles, was recht ist!
Sach- und Gebrauchstexte: Ein zu schneller Klick kann im Internet teuer werden

d) Spiel – Filme – Internet – Prügeleien – Fantasie – Mobbing – Aufnahmen
_____
_____

e) Preisgabe – Telefonnummern – Geburtsdatum – Augenmerk – Marktplatz
_____
_____

f) Klassen – Thematik – Beamte – Besuch – Einladung – Kollegen
_____
_____

 5.

a) Gliedere den Text in sinnvolle Abschnitte. Trage die Abschnitts- und Zeilennummern in die untenstehende Tabelle ein.
b) Überlege dir für jeden Abschnitt eine passende Überschrift. Schreibe diese ebenfalls in die Tabelle.

Abschnitt	Zeilen	Überschrift
1	1–7	
2		
3		
4		
5		
6		
7		

III. Material zur Individuellen Förderung

Thema: Alles, was recht ist!
Sach- und Gebrauchstexte: Ein zu schneller Klick kann im Internet teuer werden

6. Im Internet können Jugendliche zu Straftätern werden. Suche die Stellen im Text, die diese Aussage belegen. Notiere den Inhalt in Stichpunkten und gib die Zeile an, auf die du dich beziehst.

_____ Zeile _____

_____ Zeile _____

_____ Zeile _____

_____ Zeile _____

_____ Zeile _____

7. Welche der folgenden Aussagen sind wahr (w), welche falsch (f) und welche fehlen im Text? Kreuze an.

Aussage	w	f	fehlt
Mit dem Herausgeben eigener Bilder soll man vorsichtig sein.			
Für illegal heruntergeladene Titel gibt es kaum Strafen.			
Jugendliche sind über die Gefahren im Internet informiert.			
Selten wird auf beschlagnahmten PCs illegale Software entdeckt.			
Selbst gedrehte Videos haben oft das Ziel, andere darzustellen.			
Erwachsene geben ihre persönlichen Daten ungern heraus.			

8. Ersetze die unterstrichenen Wörter beziehungsweise Satzteile durch neue Formulierungen. Es soll das Gleiche mit anderen Wörtern ausgedrückt werden. Schreibe die neuen Sätze dann auf die Zeilen.

a) <u>Ein besonderes Augenmerk</u> legten die Beamten auch auf die Chat-Foren, „ein <u>Tummelplatz</u> von Pädophilen und Marktplatz für Drogengeschäfte". (Zeilen 26–28)

_____

_____

_____

b) <u>Patentrezepte</u> hatten die Polizeibeamten nicht <u>parat</u>, einige Tipps konnten sie <u>gleichwohl</u> geben. (Zeile 32)

_____

_____

_____

Thema: Alles, was recht ist!
Sach- und Gebrauchstexte: Ein zu schneller Klick kann im Internet teuer werden

9. Welche Gefahren lauern im Internet, und wie können Eltern ihre Kinder davor schützen? Erstelle nach dem unten stehenden Muster eine Übersicht, die Antwort auf diese Fragen gibt. Überlege dir auch eine passende Überschrift. Arbeite in deinem Heft.

Überschrift: _____

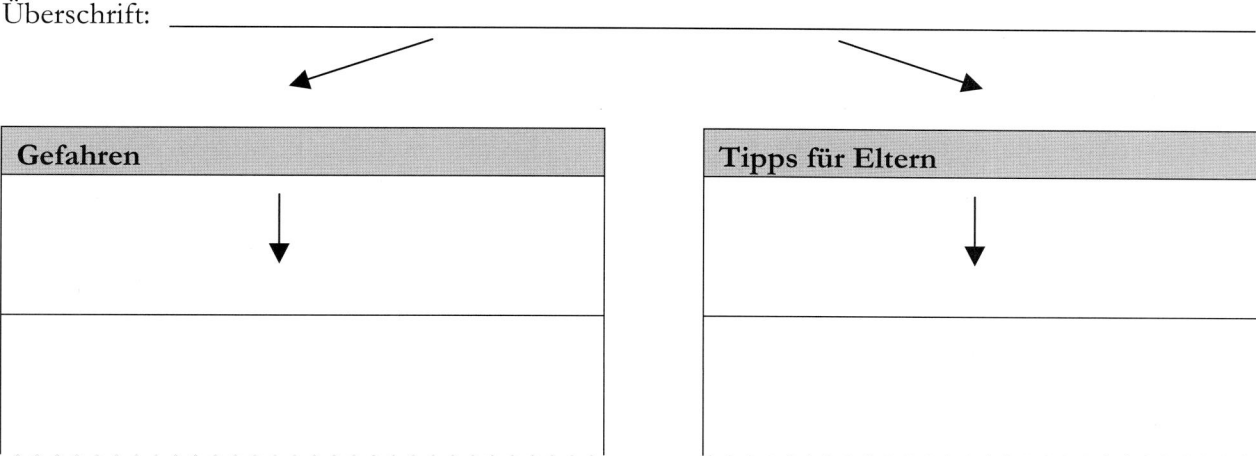

10. „Das Internet bringt nicht nur Gefahren mit sich, sondern bietet auch viele Chancen und Möglichkeiten." Finde mehrere Beispiele für diese Aussage und notiere sie stichpunktartig in deinem Heft.

11. Überlege, welche Aktivitäten du im Internet ausübst und welche Gefahren dabei auftauchen könnten. Erstelle in deinem Heft ein Schaubild nach folgendem Muster und fülle die Tabelle aus. Diskutiert dann in der Klasse über eure Aktivitäten.

Meine Internet-Aktivität	Gefahr
Download von Software	Urheberrechtsverletzung

III. Material zur Individuellen Förderung

Thema: Arbeit & Beruf
Sach- und Gebrauchstexte: Ausbildung

AUSBILDUNG
WENN DER KLEINE HUNGER KOMMT!

Möglicher Ablauf

Einstieg
- ✓ Den Schülern werden die Wortkärtchen gezeigt (vgl. Wortkärtchen/Anhang). Auf vier Kärtchen stehen Berufsbezeichnungen aus der Lebensmittelbranche, auf einem Kärtchen befindet sich die Bezeichnung eines Berufes aus einer anderen Branche.
- ✓ Die Schüler finden heraus, dass es sich bei allen Berufen, mit Ausnahme des einen, um Berufe aus der Lebensmittelbranche handelt.

Texterarbeitung
1. Überfliegendes Lesen
Aufgabe 1: verschiedene Nachschlagequellen angeleitet nutzen

2. Genaues Lesen
Aufgabe 2: mit dem Zeilenlineal arbeiten
Aufgabe 3: einen Text mit dem Originaltext vergleichen und Abweichungen korrigieren

2. Textverständnis
Aufgabe 4: Textabschnitten Teilüberschriften zuordnen
Aufgabe 5: W-Fragen zum Text beantworten
Aufgabe 6: eine einfach strukturierte Mindmap zu einem Thema erstellen
Aufgabe 7: die Absicht des Autors erkennen

3. Weiterführende Aufgaben
Aufgabe 8: Informationen aus einer einfachen Tabelle entnehmen

Thema: Arbeit & Beruf
Sach- und Gebrauchstexte: Ausbildung

Anhang
Wortkärtchen

Bäcker

Fleischer

Konditor

Zerspanungsmechaniker

Lebensmitteltechniker

III. Material zur Individuellen Förderung

Thema: Arbeit & Beruf
Sach- und Gebrauchstexte: Ausbildung

Wenn der kleine Hunger kommt!
Die klassischen Jobs in der Lebensmittelbranche

12.00 Uhr: Das Magenknurren wird langsam hörbar. Jetzt schnell zum Fleischer oder Bäcker und was zum Essen kaufen. Die Situation kennt wohl jeder. Und genau weil jedem mal der Magen brummt, boomt auch die Lebensmittelbranche, und eine Ausbildung in diesem Bereich ist eine sichere Investition in die Zukunft.

Wenn du Spaß an einer praktischen Tätigkeit hast, gerne aus bestimmten Rohstoffen etwas Neues kreierst und obendrein Freude am Umgang mit deinen Mitmenschen hast, dann ist eine Ausbildung in der Lebensmittelbranche für dich genau richtig.

Der Einstieg läuft über die klassische duale Ausbildung: Theorie an der Berufsschule und Praxis im Betrieb. So wirst du über drei Jahre hinweg bestens auf den Beruf vorbereitet. Für Realschüler und Abiturienten gibt es, je nach Ausbildungsberuf, allerdings die Chance, die Ausbildungszeit zu verkürzen. Nach der Ausbildung kannst du dich dann entscheiden, ob du dich zum Meister weiterbilden willst, ob du doch erst einmal in einem Betrieb weitere wertvolle Erfahrungen sammelst oder dich gleich selbstständig machst.

Das Angebot an Berufen ist so groß wie das Angebot an Lebensmitteln. Du kannst dich zum Bäckereimaschinenführer ebenso ausbilden lassen wie zum Lebensmittelchemiker, zum Koch wie zum Poissonier, zum Lebensmitteltechniker wie zum Wirtschafter im Molkereiwesen.

Marschall, Dirk (Hrsg.): Wenn der kleine Hunger kommt! In: azubiQ, Dezember 2008, S. 40 (gekürzt)

Thema: Arbeit & Beruf
Sach- und Gebrauchstexte: Ausbildung

G NIVEAU

1. Bevor du den Text liest, schlage die folgenden Fremdwörter nach und kläre ihre Bedeutung und Aussprache. Benutze dafür ein Wörterbuch, den Duden oder das Internet

   a) boomen (Zeile 3): _____

   b) Investition (Zeile 4): _____

   c) klassisch (Zeile 8): _____

   d) dual (Zeile 8): _____

   e) Chance (Zeile 10): _____

   f) Poissonier (Zeile 16): _____

2. Lies den Text mit dem Zeilenlineal deinem Lernpartner laut vor.

3. Drei der folgenden Sätze sind richtig. Kreuze sie an und verbessere die falschen Aussagen in deinem Heft.

   ☐ Die Lebensmittelbranche boomt, weil jedem einmal der Darm grollt.
   ☐ Nach der Ausbildung kann man sich zum Meister weiterbilden lassen.
   ☐ Um in der Lebensmittelbranche arbeiten zu können, muss man mit Menschen umgehen können.
   ☐ Für Abiturienten und Realschüler verkürzt sich die Ausbildungszeit nicht.
   ☐ Man kann sich zum Maschinenlenker ausbilden lassen.
   ☐ Theorie lernt man im Betrieb, Praxis in der Berufsschule.
   ☐ Die normale Ausbildung dauert drei Jahre.

4. Ordne die folgenden Fragen den passenden Abschnitten zu. Schreibe sie jeweils auf die passende Leerzeile.

   ✓ Welche Berufe gibt es in der Lebensmittelbranche?
   ✓ Woran solltest du Spaß haben, um für einen Beruf in der Lebensmittelbranche geeignet zu sein?
   ✓ Wie verläuft eine Ausbildung in der Lebensmittelbranche?

   Zeilen 5–7: _____

   Zeilen 8–13: _____

   Zeilen 14–16: _____

III. Material zur Individuellen Förderung

Thema: Arbeit & Beruf
Sach- und Gebrauchstexte: Ausbildung

 5. Beantworte die folgenden W-Fragen zum Text in deinem Heft. Antworte in Stichpunkten.

a) Welche Voraussetzungen solltest du für einen Beruf in der Lebensmittelbranche mitbringen?
b) Was versteht man unter dem dualen System?
c) Wer kann die Ausbildung verkürzen?
d) Was kannst du nach der Ausbildung tun?
e) Welche Ausbildungsberufe werden genannt?

 6. Erstelle in deinem Heft eine einfache Mindmap zum Thema:

Ausbildungsberufe in der Lebensmittelbranche

 7. Schreibe in einem Satz auf, was der Autor mit dem Informationstext beabsichtigt.

_____

_____

 8. Die Tabelle zeigt, welche Handwerksberufe im Jahr 2007 von männlichen Auszubildenden im Kreis Heilbronn am häufigsten ergriffen wurden. Lies sie aufmerksam durch und beantworte dann die Fragen auf der nächsten Seite.

Hitliste der Ausbildungsberufe im Handwerk 2007

Beruf (Männer)	Anzahl Auszubildende	Vorjahr
1. Kraftfahrzeugmechatroniker	633	Platz 1 (628)
2. Feinwerkmechaniker	538	Platz 2 (512)
3. Anlagenmechaniker für Sanitär-, Heizungs- und Klimatechnik	277	Platz 4 (273)
4. Elektroniker	273	Platz 3 (267)
5. Metallbauer	264	Platz 5 (212)
6. Bäcker	198	Platz 6 (204)
7. Tischler	178	Platz 7 (175)
8. Maler und Lackierer	130	Platz 8 (135)
9. Fleischer	128	Platz 9 (122)
10. Zimmerer	119	Platz 10 (108)

Handwerkskammer Heilbronn-Franken

Thema: Arbeit & Beruf
Sach- und Gebrauchstexte: Ausbildung

a) Welche Art von Beruf ist in den Tabellen aufgeführt?

b) Welcher Beruf war 2007 der beliebteste?

c) Wie viele Männer ergriffen im Jahr 2007 im Gebiet Heilbronn–Franken den Beruf des Metallbauers?

d) Wie viele männliche Azubis erlernten im Jahr 2006 den Beruf des Fleischers?

e) Welcher Beruf war 2006 der drittbeliebteste?

III. Material zur Individuellen Förderung

Thema: Arbeit & Beruf
Sach- und Gebrauchstexte: Ausbildung

AUSBILDUNG
ZWISCHEN TRADITION UND FORTSCHRITT – DAS HANDWERK IST EIN WIRTSCHAFTSBEREICH, DER VIELE CHANCEN BIETET

Möglicher Ablauf

Einstieg
- ✓ Den Schülern werden die Wortkärtchen gezeigt (vgl. Wortkärtchen Seite 41). Auf vier Kärtchen stehen Berufsbezeichnungen aus der Lebensmittelbranche, auf einem Kärtchen befindet sich die Bezeichnung eines Berufes aus einer anderen Branche.
- ✓ Die Schüler finden heraus, dass es sich bei allen Berufen, mit Ausnahme des einen, um Berufe aus der Lebensmittelbranche handelt.

Texterarbeitung
1. Genaues Lesen
Aufgabe 1: Wörter erkennen, auf der Satzebene genau und flüssig lesen
Aufgabe 2: verschiedene Nachschlagequellen nutzen
Aufgabe 3: Aussagen textbasiert auf ihre Korrektheit hin überprüfen

2. Textverständnis
Aufgabe 4: Kernaussagen zu Textabschnitten formulieren
Aufgabe 5: Fragen zum Text gegebenenfalls durch Verknüpfung von mehreren Informationen beantworten
Aufgabe 6: Fragen zum Text formulieren
Aufgabe 7: zum Text eine begründete Meinung formulieren
Aufgabe 8: verschiedene Nachschlagequellen nutzen
Aufgabe 9: Informationen im Text finden, textbasiert einfache Schlussfolgerungen ziehen

3. Weiterführende Aufgaben
Aufgabe 10: eine Tabelle anhand des Textes ergänzen
Aufgabe 11: Informationen aus einer komplexen Tabelle entnehmen

III. Material zur Individuellen Förderung

Thema: Arbeit & Beruf
Sach- und Gebrauchstexte: Ausbildung

Zwischen Tradition und Fortschritt – Das Handwerk ist ein Wirtschaftsbereich, der viele Chancen bietet

1 Im Mittelalter kannte man gerade so viele Handwerksberufe, wie zum täglichen Leben notwendig
2 waren. Es gab den Steinmetz, den Schmied, den Müller oder den Maurer. Heute gibt es gut hundert
3 Ausbildungsberufe im Handwerk, vom Augenoptiker bis zum Zweiradmechaniker. Denn in unserer
4 technisierten Informationsgesellschaft haben sich auch die Anforderungen an das klassische
5 Handwerk verfeinert und vervielfältigt, kurz: spezialisiert.

6 Natürlich gehören handwerkliches Geschick und die Beherrschung des Handwerkszeugs – von der
7 Säge bis zum Spachtel – immer noch zum Handwerksberuf dazu. Aber es ist heute durchaus
8 möglich, dass Handwerker als Wirtschaftsinformatiker, Energieberater oder Betriebswirt arbeiten.
9 Gefordert sind nicht nur die eigentlichen Fachkenntnisse, sondern Computerkenntnisse,
10 Kenntnisse moderner Technologien und neuer Werkstoffe oder das Beherrschen von Hightech-
11 Maschinen und automatischen Arbeitsabläufen in großen Betrieben.

Dein Einstieg: die Ausbildung

13 Handwerk lässt sich heute mit allen Schulabschlüssen kombinieren, da die Weiter- und
14 Zusatzausbildungen in alle Richtungen offen sind. Am Anfang steht eine Ausbildung, je nach deiner
15 Begabung im gewerblich-technischen Bereich oder im kaufmännischen Bereich.

Basis für alles Weitere

17 Als Hauptschüler kannst du nach einer Ausbildung im Handwerk beispielsweise die Mittlere Reife
18 nachholen! Mit guten Noten und bestandener Gesellenprüfung geht es dann an die
19 Berufsoberschule (BOS), wo du dein Fachabitur machen kannst. Realschüler können während der
20 Handwerksausbildung etwa ein Berufskolleg besuchen und neben dem Gesellenbrief die
21 Fachhochschulreife erwerben.

22 [...] Mit einer Zusatzqualifikation kannst du in drei Jahren einen Doppelabschluss als Geselle und
23 Betriebsassistent erwerben. Du kannst dich bereits während deiner Ausbildung weiterqualifizieren.
24 In der dualen Berufsausbildung gibt es verschiedene Möglichkeiten der Weiterbildung. [...]
25 Je nach Beruf kannst du dich damit für besondere Aufgaben im Betrieb spezialisieren, etwa
26 Kundenberatung oder Produktwerbung. Und wenn dich dann doch das Lernfieber packt, kannst du
27 als Fachwirt den Betriebswirt mit Bachelorstudium dranhängen.

Marschall, Dirk (Hrsg.): Zwischen Tradition und Fortschritt – Das Handwerk ist ein Wirtschaftsbereich, der viele Chancen bietet. In: azubiQ, Dezember 2008, S. 44 f.

Thema: Arbeit & Beruf

Sach- und Gebrauchstexte: Ausbildung

 1. In den folgenden Sätzen ist die Schreibung ein wenig durcheinandergeraten. Lies die Sätze deinem Nachbarn richtig vor und schreibe sie dann korrekt in dein Heft. Achte auf die richtige Groß- und Kleinschreibung.

a) Immitte lalterk anntem anger adesovie lehandwe rksber ufewi ezumtäglich enleben notwe ndigwa ren.

b) Jena chberu fkan nstdud ichda mitfürbe sond ereaufg abenimbe triebspe ziali siere netwakund enber atungo derpro duktw erbung.

c) Alshau ptschü lerka nnstdu nachei nerausbil dungim han dwer kbeis pielsw eisedie mit tle rereif enac hholen!

 2. Suche die folgenden Fremdwörter im Text und notiere die Zeilenangabe. Suche die deutsche Bedeutung in einem Wörterbuch oder im Internet und schreibe sie dazu.

a) Tradition (Zeile _____): _____

b) Chancen (Zeile _____): _____

c) klassisch (Zeile _____): _____

d) spezialisieren (Zeile _____): _____

e) Technologie (Zeile _____): _____

f) kombinieren (Zeile _____): _____

g) Basis (Zeile _____): _____

h) qualifizieren (Zeile _____): _____

i) Produkt (Zeile _____): _____

j) Bachelor (Zeile _____): _____

3. Prüfe, ob die folgenden Aussagen im Text stehen und kreuze an, ob sie wahr (w), falsch (f) oder gar nicht im Text enthalten sind.

Aussage	w	f	nicht im Text
Eine weitere Qualifikation ist bereits während der Ausbildung möglich.			
Handwerkliches Geschick ist im Handwerk heute nicht mehr so wichtig.			
Im Mittelalter gab es nur so viele Handwerksberufe wie unbedingt notwendig.			
Handwerker verdienen sehr viel Geld.			

III. Material zur Individuellen Förderung

Thema: Arbeit & Beruf
Sach- und Gebrauchstexte: Ausbildung

4. Fasse den Abschnitt von Zeile 6–11 in einem Satz zusammen.

In dem Abschnitt geht es um _____

_____

_____

5. Beantworte die folgenden W-Fragen in deinem Heft. Antworte in vollständigen Sätzen.

a) Welchen schulischen Abschluss kann man durch eine Ausbildung im Handwerk erwerben?
b) Wo kannst du nach einer Ausbildung dein Fachabitur machen?
c) Welche Voraussetzungen sind dazu nötig?
d) Welche Möglichkeiten der beruflichen Weiterbildung werden im Text genannt?

6. Formuliere drei Fragen zum Text, die nicht nur mit „Ja" oder „Nein" beantwortet werden können. Schreibe sie auf ein Blatt Papier und tausche sie mit deinem Nachbarn aus. Beantwortet dann gegenseitig eure Fragen und notiert die Antworten im Heft.

7. Gib in einem kurzen Satz deine Meinung zu den folgenden Fragen wieder. Begründe deine Meinung. Beispiel: „Ich finde den Text sehr gut, weil er mir viele Informationen liefert."

a) Ist der Text für dich verständlich geschrieben?

_____

_____

b) Sind die Informationen im ersten Abschnitt wichtig für dich?

_____

_____

8. Erkundige dich im Internet oder einem Schulbuch über das „duale System". Schreibe deine Ergebnisse stichpunktartig in dein Heft.

9. Vervollständige die Sätze mit Informationen aus dem Text.

a) Du musst in die Berufsoberschule gehen, um _____

_____

b) Du benötigst eine Zusatzqualifikation, um _____

_____

c) Wegen _____ haben sich auch die Anforderungen an das klassische Handwerk verfeinert.

III. Material zur Individuellen Förderung

Thema: Arbeit & Beruf
Sach- und Gebrauchstexte: Ausbildung

 10. Ergänze die folgende Tabelle mit Begriffen aus dem Text.

typische Handwerksberufe im Mittelalter	Einsatzmöglichkeiten im Handwerk heute	schulische Weiterbildungsmöglichkeiten	betriebliche Weiterbildungsmöglichkeiten

 11. Diese Tabelle zeigt, welche Handwerksberufe im Jahr 2008 von männlichen Auszubildenden im Kreis Heilbronn am häufigsten ergriffen wurden. Die Tabelle auf der nächsten Seite zeigt die Statistik der weiblichen Azubis. Lies dir beide Tabellen aufmerksam durch und beantworte dann die Fragen.

Hitliste der Ausbildungsberufe im Handwerk 2008

Beruf (Männer)	Anzahl Auszubildende	Vorjahr
1. Kraftfahrzeugmechatroniker	633	Platz 1 (628)
2. Feinwerkmechaniker	538	Platz 2 (512)
3. Anlagenmechaniker für Sanitär-, Heizungs- und Klimatechnik	277	Platz 4 (273)
4. Elektroniker	273	Platz 3 (267)
5. Metallbauer	264	Platz 5 (212)
6. Bäcker	198	Platz 6 (204)
7. Tischler	178	Platz 7 (175)
8. Maler und Lackierer	130	Platz 8 (135)
9. Fleischer	128	Platz 9 (122)
10. Zimmerer	119	Platz 10 (108)

Thema: Arbeit & Beruf
Sach- und Gebrauchstexte: Ausbildung

Beruf (Frauen)	Anzahl Auszubildende	Vorjahr
1. Fachverkäuferin im Lebensmittelhandwerk Bäckerei	360	Platz 1 (311)
2. Friseurin	312	Platz 2 (276)
3. Fachverkäuferin im Lebensmittelhandwerk Fleischerei	153	Platz 3 (148)
4. Bürokauffrau	129	Platz 4 (124)
5. Konditorin	78	Platz 6 (65)
6. Augenoptikerin und Bäckerin	76	Platz 7 (64) und Platz 5 (78)
7. Malerin und Lackiererin	26	Platz 11 (22)
8. Zahntechnikerin	23	Platz 8 (30)
9. Fotografin	21	Platz 9 (26)
10. Kraftfahrzeugmechatronikerin	20	Platz 13 (20)

Handwerkskammer Heilbronn-Franken

a) Was waren die jeweils drei beliebtesten Ausbildungsberufe bei Männern und Frauen im Raum Heilbronn-Franken im Jahr 2008?

b) Welche Berufe kamen bei den Frauen im Jahr 2008 neu unter die zehn beliebtesten Berufe?

c) Welche Berufe stammen aus dem Lebensmittelhandwerk, welche aus dem Bereich Metalltechnik?

d) Für welchen Berufsbereich interessieren sich eher Frauen, für welchen eher Männer?

Thema: Arbeit & Beruf
Sach- und Gebrauchstexte: Ausbildung

AUSBILDUNG
EINLADUNG ZUM VORSTELLUNGSGESPRÄCH ... ABER WAS ZIEHE ICH NUR AN?

Möglicher Ablauf

Einstieg
- ✓ Den Schülern werden die Wortkärtchen gezeigt (vgl. Wortkärtchen Seite 41). Auf vier Kärtchen stehen Berufsbezeichnungen aus der Lebensmittelbranche, auf einem Kärtchen befindet sich die Bezeichnung eines Berufes aus einer anderen Branche.
- ✓ Die Schüler finden heraus, dass es sich bei allen Berufen, mit Ausnahme des einen, um Berufe aus der Lebensmittelbranche handelt.

Texterarbeitung
1. Überfliegendes Lesen
Aufgabe 1 und 2: verschiedene Nachschlagequellen selbstständig nutzen

2. Textverständnis
Aufgabe 3: Fragen zum Text gegebenenfalls durch Verknüpfung von mehreren Informationen beantworten

Aufgabe 4: zum Text eine begründete Meinung formulieren

Aufgabe 5: eine Tabelle anhand des Textes ergänzen

Aufgabe 6: einen Stichwortzettel zum Text erstellen

3. Weiterführende Aufgaben
Aufgabe 7: über den Text hinausgehende Fragen formulieren

Aufgabe 8: Informationen aus mehreren Schaubildern mit unterschiedlichen Informationen miteinander in Beziehung setzen

Thema: Arbeit & Beruf
Sach- und Gebrauchstexte: Ausbildung

Einladung zum Vorstellungsgespräch ...
Aber was ziehe ich nur an?

Für den Vorstellungstermin heißt es: „Dress to success!" Auf das Kleiderproblem solltest du ebenso vorbereitet sein wie auf das Gespräch selbst. Allerdings ist das nicht ganz so einfach, wie es klingt. Kleidung darf weder overdressed noch understyled wirken. Sie muss deinem Typ entsprechen, aber auch zum Unternehmen passen. Das ist ein schmaler Grat und ein paar Gedanken wert.

Gedanke Nr. 1: Kleider machen Leute

Für deinen Gesprächspartner drückst du mit der Kleiderwahl in erster Linie dein Interesse an der Stelle und dem Unternehmen aus. Es gibt aber keinen Dresscode, der für alle und alles gilt. Für Männer heißt es grundsätzlich: Dunkler Anzug mit Hemd und Krawatte und schwarze Lederschuhe. Für die weiblichen Bewerber lautet die Devise „dezent": Kostüm mit knielangem Rock oder ein Hosenanzug in gedeckten Farben, dazu Schuhe mit flachem Absatz. Die Banken-, Versicherungs- und Beratungsbranche schreibt nach wie vor eine solche, heißt konservative, Garderobe vor. Anders – und durchaus bunter – sieht es in der Welt der Kreativen aus: Friseure, Medien- oder Werbefachleute erlauben einen gelockerten Dresscode mit kleinen modischen Spielereien. Eine ordentliche Jeans darf hier ruhig mit Hemd und Sakko kombiniert werden. Schmuckstücke an Bewerberinnen, beispielsweise eine auffälligere Kette oder Hängeohrringe, die farblich auf Schuhe oder Bluse abgestimmt sind, beweisen Stilbewusstsein. Aber Vorsicht! Deine Kleidung sollte niemals aufdringlich oder aufreizend sein oder farbenblind machen. Für Gesellen, Lehrlinge und andere Handwerksinteressierte gelten wieder andere Regeln: Wer sich zum Beispiel als Schreiner bewirbt, braucht keinen Nadelstreifenanzug beim Vorstellungsgespräch zu tragen. Tritt deinem Gesprächspartner aber dennoch in gepflegter Kleidung gegenüber. Jede Jobposition verdient einen respektvollen Aufzug – auch ohne Anzug.

Gedanke Nr. 2: Boss zur Feier des Tages?

Auf keinen Fall! Teure Markenkleidung ist Chefsache. Als Bewerber präsentierst du dich grundsätzlich so authentisch wie möglich. Wenn du dir extra etwas für diesen Tag kaufst, trag es vorher ein. Kleidung sollte nicht abgetragen, aber dennoch getragen aussehen – ohne, dass etwas stört, kneift oder rutscht. Du solltest dich gut aussehend fühlen, auch in „förmlichen" Klamotten. Ganz wichtig: Sind alle Preisschilder ab? Auch unter den Schuhen?

Gedanke Nr. 3: Klunker und Dauerwelle

Schmuck rundet ein Outfit sicher ab. Aber achte darauf, dass der Schmuck nicht den Rest des Kostüms übertrumpft, sondern dezent bleibt. Ähnlich verhält es sich mit deiner Frisur. Natürlich muss sie deinem Typ entsprechen. Aber der coole Wetlook, Dreadlocks oder eine neue Dauerwelle sind fehl am Platz. Ein Vorstellungsgespräch ist kein Discobesuch und auch keine politische Meinungsdemonstration.

Marschall, Dirk (Hrsg.): Einladung zum Vorstellungsgespräch ... Aber was ziehe ich nur an? In: azubiQ, Dezember 2008, S. 20 f. (gekürzt)

Thema: Arbeit & Beruf
Sach- und Gebrauchstexte: Ausbildung

1. Im Text findest du verschiedene englische Ausdrücke. Übersetze sie wörtlich und versuche dann, einen passenden deutschen Ausdruck zu finden. Schlage in einem Wörterbuch oder im Internet nach.

englisches Wort/ englischer Ausdruck	wörtliche Übersetzung	passender Ausdruck, Erklärung
dress to success		
overdressed		
understyled		
dresscode		

2. Im zweiten und dritten Absatz finden sich verschiedene Fremdwörter.

a) Suche die folgenden Fremdwörter aus dem Text heraus und schreibe ihre Bedeutungen mit der jeweiligen Zeilenangabe hier auf.

Devise (Zeile ____): _____

dezent (Zeile ____): _____

konservativ (Zeile ____): _____

kreativ (Zeile ____): _____

kombinieren (Zeile ____): _____

respektvoll (Zeile ____): _____

b) Finde zwei weitere Fremdwörter im Text und schlage ihre Bedeutung nach.

_____

_____

3. Beantworte die folgenden Fragen zum Text mit eigenen Worten. Entnimm die notwendigen Informationen dem Text. Schreibe möglichst kurze, aber ganze Sätze.

a) Wodurch unterscheiden sich die „Dresscodes" der „Kreativen" von denen der Handwerksinteressierten?

_____

_____

_____

Thema: Arbeit & Beruf

Sach- und Gebrauchstexte: Ausbildung

b) Die Kleiderwahl ist ein „schmaler Grat" (Zeile 4). Erkläre dieses Bild mit eigenen Worten.

_____

_____

_____

c) Warum solltest du auf teure Markenkleidung verzichten und die Kleidung schon einmal getragen haben?

_____

_____

_____

_____

4. Gib deine Meinung zu den folgenden Fragen wieder. Begründe deine Antwort.
Beispiel: „Ich finde den Text gut/nicht gut, weil …".

a) Wie findest du den Gebrauch der verschiedenen Wörter aus dem Englischen?

_____

_____

b) Glaubst du, der Text kann dir bei der Vorbereitung auf ein Vorstellungsgespräch helfen?

_____

_____

5. Ergänze die folgende Tabelle mit den Informationen aus dem Text, die über die gewünschte Kleidung für die jeweilige Branche Auskunft geben. Beachte, dass bestimmte Regeln für alle Branchen gelten. Diese gehören dann in jede Spalte.

Banken-, Versicherungs- und Beratungsbranche	Kreative	Handwerksinteressierte

III. Material zur Individuellen Förderung

Thema: Arbeit & Beruf
Sach- und Gebrauchstexte: Ausbildung

 6. Schreibe einen Stichwortzettel, was du bezüglich der Kleidung tun bzw. lassen solltest, wenn du dich als Friseur/-in bewirbst und zu einem Vorstellungsgespräch eingeladen bist. Arbeite in deinem Heft.

 7. Stelle dir vor, du hast die Möglichkeit, einem Personalchef fünf Fragen zu stellen, wie man sich beim Vorstellungsgespräch verhalten soll oder darauf vorbereiten kann. Überlege dir mit deinem Lernpartner fünf sinnvolle Fragen und schreibe sie in dein Heft. Wenn möglich, versuche sie mit Informationen aus dem Internet oder vielleicht mithilfe eines Experten zu beantworten.

 8. Lies dir die Statistiken genau durch und bearbeite dann die Arbeitsaufträge auf der nächsten Seite.

Hitliste der Ausbildungsberufe im Handwerk 2008
Handwerkskammer Heilbronn-Franken

Beruf (Männer)	Anzahl Auszubildende	Vorjahr
1. Kraftfahrzeugmechatroniker	633	Platz 1 (628)
2. Feinwerkmechaniker	538	Platz 2 (512)
3. Anlagenmechaniker für Sanitär-, Heizungs- und Klimatechnik	277	Platz 4 (273)
4. Elektroniker	273	Platz 3 (267)
5. Metallbauer	264	Platz 5 (212)
6. Bäcker	198	Platz 6 (204)
7. Tischler	178	Platz 7 (175)
8. Maler und Lackierer	130	Platz 8 (135)
9. Fleischer	128	Platz 9 (122)
10. Zimmerer	119	Platz 10 (108)

Beruf (Frauen)	Anzahl Auszubildende	Vorjahr
1. Fachverkäuferin im Lebensmittelhandwerk Bäckerei	360	Platz 1 (311)
2. Friseurin	312	Platz 2 (276)
3. Fachverkäuferin im Lebensmittelhandwerk Fleischerei	153	Platz 3 (148)
4. Bürokauffrau	129	Platz 4 (124)
5. Konditorin	78	Platz 6 (65)
6. Augenoptikerin und Bäckerin	76	Platz 7 (64) und Platz 5 (78)
7. Malerin und Lackiererin	26	Platz 11 (22)
8. Zahntechnikerin	23	Platz 8 (30)

Thema: Arbeit & Beruf
Sach- und Gebrauchstexte: Ausbildung

IHK Industrie- und Handelskammer Südthüringen
Hitliste der Ausbildungsberufe 2008

Beruf (Kurzbezeichnung)	Summe (Gesamt)
Zerspanungsmechaniker	155
Koch/Köchin	133
Kauffrau/-mann im Einzelhandel	131
Verkäufer/-in	121
Bürokauffrau/-mann	120
Industriekauffrau/-mann	93
Maschinen- und Anlagenführer/-in	82
Industriemechaniker/-in	80
Hotelfachfrau/-mann	77
Werkzeugmechaniker/-in	74

a) Aus welchen Regionen stammen die Statistiken?

_____

b) Nenne zwei wichtige Unterschiede zwischen den Statistiken.

_____

_____

c) Welche Handwerksberufe gehören bei Männern und Frauen im Raum Heilbronn zu den beliebtesten zehn?

_____

_____

d) Prüfe anhand der Statistiken, welche der folgenden Aussagen wahr (w) oder falsch (f) ist oder ob es dazu keine Auskunft gibt. Kreuze an.

Aussage	w	f	nicht zu entnehmen
In der Region Südthüringen wollen 77 Personen den Beruf Hotelfachfrau/-mann erwerben.			
Fleischerin gehört bei Frauen im Raum Heilbronn zu den beliebtesten Ausbildungsberufen.			
Im Raum Suhl werden viele Handwerker gesucht.			
2007 wollten 30 Frauen im Raum Heilbronn Zahntechnikerin werden.			

Thema: Rückblicke

Sach- und Gebrauchstexte: Der Sonnenkönig Ludwig XIV.

DER SONNENKÖNIG LUDWIG XIV.

Möglicher Ablauf

Einstieg
- ✓ Bildimpuls: „Ludwig XIV. im Krönungsmantel" aus dem Jahr 1701 zeigen (vgl. Folie/Anhang)
- ✓ Schüler äußern sich spontan
- ✓ Vorwissen der Schüler abfragen

Texterarbeitung

1. Genaues Lesen

Aufgabe 1: auf der Wortebene genau und flüssig lesen

Aufgabe 2: mit dem Zeilenlineal arbeiten, die Bedeutung eines unbekannten Wortes aus dem Textzusammenhang erschließen, Nachschlagequellen nutzen

Aufgabe 3: auf der Satzebene genau und flüssig lesen, explizit im Text vorkommende Informationen wiedergeben

Aufgabe 4: Nomen in Textabschnitten finden und markieren

Aufgabe 5: einen Text mit dem Originaltext vergleichen und Abweichungen (andere Wörter, „Druckfehler" usw.) korrigieren

2. Textverständnis

Aufgabe 6: die zentrale Aussage des Textes erfassen und mündlich wiedergeben

Aufgabe 7: Informationen in einem Textabschnitt finden und markieren

Aufgabe 8: W-Fragen zum Text beantworten

Aufgabe 9: einfache W-Fragen zum Text stellen und beantworten

Aufgabe 10: Teilüberschriften zuordnen

3. Weiterführende Aufgaben

Aufgabe 11: über den Text hinausgehende Informationen sammeln, verschiedene Nachschlagequellen nutzen

Ausweitung

Querverweis zu Geschichte: Absolutismus, Kunst: Barock

Anhang

Folie: Ludwig XIV. im Krönungsmantel

Thema: Rückblicke
Sach- und Gebrauchstexte: Der Sonnenkönig Ludwig XIV.

Der Sonnenkönig Ludwig XIV.

Der Sonnenkönig Ludwig XIV. wurde am 5.9.1638 in Frankreich geboren. Als sein Vater starb, wurde er bereits als Vierjähriger inthronisiert. Da man in diesem Alter natürlich noch kein Land regieren kann, übernahm seine Mutter die Regentschaft und Kardinal Mazarin die Regierungsgeschäfte. 1660 heiratete Ludwig XIV. Maria Theresia, die älteste, erbberechtigte Tochter des spanischen Königshauses. 1661 übernahm der 22-jährige König die Alleinherrschaft. Während seiner Regierungszeit gewann Frankreich die Vormachtstellung in Europa. Sein Herrscherstil wurde zum Vorbild für viele europäische Fürsten. Am 1.9.1715 starb er in Versailles.

Ludwig XIV. herrschte als absoluter Monarch mit unumschränkter und unabhängiger Macht. Er war oberster Richter, Gesetzgeber, Verwalter und Kriegsherr zugleich. Diese Form der Staatsführung wird als Absolutismus bezeichnet. Wie die Sonne wollte er seinem Land „Licht und Glanz" geben. Deswegen wurde er auch „Sonnenkönig" genannt. Die Stützen seiner Macht waren ein großes stehendes Berufsheer, bürgerliche Berufsbeamte in der Verwaltung sowie die Förderung der französischen Wirtschaft durch Steuereinnahmen und den Merkantilismus. Riesige Geldsummen verschlangen die vielen Kriege, die Ludwig XIV. in Europa führte, besonders der Spanische Erbfolgekrieg. Hinzu kam seine verschwenderische Hofhaltung im Schloss Versailles. Dort versammelte er Adelige und Verwandte um sich und bot ihnen ein Leben in Luxus mit zahlreichen Festen und Vergnügungen unter seiner „Aufsicht". Wer nicht am Hof des Königs lebte, war in der Gesellschaft ohne Bedeutung und Ansehen.

In den Jahren 1661 bis 1690 ließ Ludwig XIV. in der Nähe von Paris das prächtige Schloss Versailles bauen. Es diente der Zentralisierung seiner Macht. Ludwig XIV. schwächte die Adligen, indem er sie zu Mitgliedern seines Hofes machte, um sie so besser im Auge behalten zu können. Das Schloss war von einer riesigen, prachtvollen Parkanlage mit Kanälen, Teichen und Springbrunnen umgeben. Hecken waren zu grünen Mauern, Bäume zu Kugeln, Pyramiden, Säulen oder Tierformen zugeschnitten. Mittelpunkt der strahlenförmigen Anlage war das Schlafzimmer des Königs. Das Schloss besaß etwa 2000 Räume. Diese waren prächtig mit Spiegeln, Stuck, Marmor, Statuen, Gold, kostbaren Teppichen, wertvollen Gemälden und Möbeln aus edlen Hölzern ausgestattet. Es war Platz für ca. 15000 Gäste. Trotz all des Prunks war das Schloss Versailles besonders im Winter nicht sehr angenehm. Die hohen, zugigen Räume waren schlecht zu heizen. Da die Küche zu weit von den Speisesälen entfernt lag, kam das Essen oft kalt auf den Tisch.

Es gab weder fließendes Wasser noch fest eingebaute Toiletten. Die vornehmen Damen und Herren verrichteten ihre Notdurft in Leibstühle und Nachttöpfe, in dringenden Fällen wohl auch in Ecken, Kaminen oder auf Treppen. Da es an Bädern fehlte und Wasser nicht sehr beliebt war, trug man dicke Puderschichten auf und versuchte, unangenehmen Körpergeruch durch starkes Parfümieren zu überdecken. Gegen Läuse und Flöhe verwendete man Kopf- und Rückenkratzer.

Der Hofstaat von Ludwig XIV. war riesig. Zeitweise lebten im Schloss Versailles bis zu 20000 Menschen. Etwa 4000 Bedienstete kümmerten sich um das Wohl der zahlreichen Gäste, darunter zum Beispiel 383 Köche, 48 Ärzte und 128 Sänger. Die Leibwache bestand aus mehreren tausend

Thema: Rückblicke
Sach- und Gebrauchstexte: Der Sonnenkönig Ludwig XIV.

Mann. Der Sonnenkönig verfügte persönlich über 24 Kammerherren, 32 Kammerdiener, zwölf Mantelträger, acht Rasierer und drei Bindenknüpfer. Als ein besonderes Vorrecht für ausgewählte Adelige galt es, dem König in seinem Schlafzimmer beim An- oder Auskleiden zu helfen. Das Hofleben war nach einer strengen Etikette geregelt.

Um den aufgabenlosen Adel am Hof zu beschäftigen, bot Ludwig XIV. zahlreiche Vergnügungen wie Jagdausflüge oder Kutschfahrten an und veranstaltete oft prächtige Festmahle, Maskenbälle, Feste, Spieleabende sowie Theater- und Opernaufführungen. Man tanzte das Menuett, führte gepflegte Unterhaltungen und genoss Galadiners mit feinsten Speisen. Die Gabel kam in Mode. Oft bildete ein überwältigendes Feuerwerk den Abschluss eines Abends.

Viele europäische Fürsten ahmten den absolutistischen Herrscherstil und das prunkhafte Hofleben des Sonnenkönigs im barocken Schloss Versailles nach.

Thema: Rückblicke

Sach- und Gebrauchstexte: Der Sonnenkönig Ludwig XIV.

 1. Diese Wörter aus dem Text haben es in sich. Versuche, sie fehlerfrei zu lesen. Mache dazu vor jedem neuen Wort eine kleine Pause und sprich es erst aus, wenn du es sicher lesen kannst. Übe zuerst alleine, danach mit einem Partner. Wenn du dir nicht sicher bist, wie die Wörter ausgesprochen werden, lasse dir von deinem Lehrer helfen.

Vierjähriger	Monarch	Versailles
inthronisiert	Absolutismus	Zentralisierung
Regentschaft	absolutistisch	Statuen
erbberechtigt	unumschränkt	Notdurft
Erbfolgekrieg	Staatsführung	Menuett
Regierungsgeschäfte	Kriegsherr	Merkantilismus
Herrscherstil	Berufsheer	Galadiners
Alleinherrschaft	Steuereinnahmen	Vormachtstellung

 2. Nummeriere die Absätze des Textes und lies den Text abschnittsweise genau durch. Verwende dein Zeilenlineal.

a) Welche Wörter sind dir unklar? Unterstreiche sie. Erschließe unbekannte Begriffe aus dem Textzusammenhang. Falls dir das nicht gelingt oder du unsicher bist, schlage den unbekannten Begriff im Duden oder Lexikon nach oder schaue im Internet.

b) Welche Bedeutung gehört zu welchem Begriff? Verbinde mit Pfeilen.

Inthronisation	Staatsoberhaupt, Herrscher
Regent	gekröntes Staatsoberhaupt
Kardinal	uneingeschränkte Herrschaft eines Monarchen
Monarch	höchster katholischer Würdenträger nach dem Papst
Absolutismus	Wirtschaftspolitik in der Zeit des Absolutismus
Merkantilismus	Thronerhebung, feierliche Einsetzung
Stuck	festliches Abendessen mit mehreren Gängen
Galadiner	aus Gips hergestellte Verzierung
Barock	Kunststil des 17. und 18. Jahrhunderts

Thema: Rückblicke

Sach- und Gebrauchstexte: Der Sonnenkönig Ludwig XIV.

NIVEAU G

3. Lies den ersten Abschnitt sorgfältig mit deinem Zeilenlineal. Welche Sätze stehen im Text? Kreuze an.

a) ☐ Als sein Vater starb, wurde er bereits als Dreijähriger inthronisiert.
☐ Als sein Vater starb, wurde er bereits als Vierjähriger entthronisiert.
☐ Als sein Vater starb, wurde er bereits als Vierjähriger inthronisiert.

b) ☐ 1660 heiratete Ludwig XIV. Maria Theresia, die jüngste, erbberechtigte Tochter des spanischen Königshauses.
☐ 1660 heiratete Ludwig XIV. Maria Theresia, die älteste, enterbte Tochter des spanischen Königshauses.
☐ 1660 heiratete Ludwig XIV. Maria Theresia, die älteste, erbberechtigte Tochter des spanischen Königshauses.

4. Lies den zweiten Abschnitt sorgfältig mit dem Zeilenlineal.

a) Unterstreiche alle Nomen im Text farbig. Sie sind die Schlüsselbegriffe, an denen du erkennen kannst, worum es sich im zweiten Textabschnitt handelt.

b) Schreibe alle Nomen mit ihrem bestimmten Artikel heraus. Arbeite in deinem Heft.

5. Im folgenden Satz sind acht Druckfehler versteckt. Vergleiche den Fehlertext mit dem dritten Abschnitt des Textes. Unterstreiche die fehlerhaften Wörter und schreibe sie korrekt darunter.

Ludwig XIV. schwechte die Adliegen, in dem er sie zu mitglieder seine Hofes machte, um sie so besser im Auge behatlen zukönnen.

_____

_____

_____

6. Worum geht es in diesem Text? Erzähle deinem Banknachbarn die zentrale Aussage des Textes in ein bis zwei Sätzen.

7. Trotz all des Prunks war das Schloss besonders im Winter nicht sehr angenehm. Suche im dritten Textabschnitt die Stelle, in der der Grund dafür genannt wird und markiere sie dort farbig. Gib auch die Zeile an.

Zeile _____

8. Lies den vierten Abschnitt genau durch und beantworte die folgenden Fragen in vollständigen Sätzen. Suche immer zuerst die entsprechende Stelle im Text. Schreibe die Antworten in dein Heft.

a) Was gab es nicht im Schloss Versailles?
b) Wohin verrichteten die vornehmen Damen und Herren ihre Notdurft?
c) Wodurch versuchte man, unangenehmen Körpergeruch zu überdecken?

III. Material zur Individuellen Förderung

Thema: Rückblicke

Sach- und Gebrauchstexte: Der Sonnenkönig Ludwig XIV.

 9. Lies den fünften Textabschnitt genau durch. Bilde zu folgenden Sätzen jeweils eine einfache W-Frage. Schreibe die Fragen in dein Heft.

a) 1.) Der Hofstaat von Ludwig XIV. war riesig. – Was …?

2.) Zeitweise lebten im Schloss Versailles bis zu 20 000 Menschen. – Wie viele …?

3.) Als ein besonderes Vorrecht für ausgewählte Adelige galt es, dem König beim An- oder Auskleiden zu helfen. – Was galt …?

b) Formuliere nun auch zu den anderen Textabschnitten jeweils eine einfache W-Frage für deinen Banknachbarn und schreibe sie auf ein Blatt Papier. Dabei können dir diese Fragepronomen helfen: „wer", „wo", „wann", „was", „wie", „wie lange", „wodurch", „warum", „weshalb", „wozu". Beantworte die Fragen, die dein Nachbar für dich formuliert hat, in vollständigen Sätzen in deinem Heft. Lies dazu im Text genau nach. Kontrolliert zum Schluss gegenseitig eure Lösungen.

 10. Ordne den Abschnitten 2–6 jeweils die richtige Teilüberschrift zu und schreibe sie auf die Zeile. Lies dazu die Absätze noch einmal genau durch.

✓ Parkanlage und Raumausstattung des Schlosses Versailles
✓ Hygienische Verhältnisse im Schloss Versailles
✓ Der Hofstaat Ludwigs XIV.
✓ Absolutistische Herrschaft und Stützen seiner Macht
✓ Vergnügungen und Unterhaltung auf Schloss Versailles

Absatz 2 (Zeilen 8–18): _____

Absatz 3 (Zeilen 19–29): _____

Absatz 4 (Zeilen 30–34): _____

Absatz 5 (Zeilen 35–41): _____

Absatz 6 (Zeilen 42–46): _____

 11. Bildet Kleingruppen und informiert euch über Mode und Etikette im 17. und 18. Jahrhundert. Nutzt dazu verschiedene Nachschlagequellen (z. B. Lexikon, Internet). Tragt eure Ergebnisse zu zweit den anderen Gruppen vor.

Thema: Rückblicke
Sach- und Gebrauchstexte: Der Sonnenkönig Ludwig XIV.

DER SONNENKÖNIG LUDWIG XIV.

Möglicher Ablauf

Einstieg
- Bildimpuls: „Ludwig XIV. im Krönungsmantel" aus dem Jahr 1701 zeigen (vgl. Folie Seite 59)
- Schüler äußern sich spontan
- Vorwissen der Schüler abfragen

Texterarbeitung

1. Überfliegendes Lesen
Aufgabe 1: überfliegend und exzerpierend lesen
Aufgabe 2: die zentrale Aussage des Textes formulieren

2. Genaues Lesen
Aufgabe 3: W-Fragen zum Text formulieren, Fragen zum Text durch Verknüpfung von mehreren Informationen beantworten
Aufgabe 4: die Bedeutung von Wörtern und Aussagen aus dem Textzusammenhang erklären, verschiedene Nachschlagequellen (z. B. Lexikon, Internet) nutzen
Aufgabe 5: Informationen im Text finden und markieren, eine Aussage mit einer Textstelle belegen

3. Textverständnis
Aufgabe 6: Teilüberschriften zu Textabschnitten formulieren
Aufgabe 7: Aussagen textbasiert auf deren Korrektheit hin überprüfen
Aufgabe 8: die Bedeutung eines sprachlichen Bildes aus dem Textzusammenhang erklären
Aufgabe 9: die Absicht des Autors/die Textintention erkennen

4. Weiterführende Aufgaben
Aufgabe 10: eine Tabelle anhand des Textes ergänzen
Aufgabe 11: verschiedene Nachschlagequellen (z. B. Lexikon, Internet) nutzen, eine Mindmap erstellen

Ausweitung
Querverweis zu Geschichte: Absolutismus, Kunst: Barock

Thema: Rückblicke
Sach- und Gebrauchstexte: Der Sonnenkönig Ludwig XIV.

Der Sonnenkönig Ludwig XIV.

Der Sonnenkönig Ludwig XIV., französisch Roi Soleil, wurde am 5. September 1638 im Schloss Saint-Germain-en-Laye geboren. Nachdem die Ehe seiner Eltern dreiundzwanzig Jahre kinderlos geblieben war, stellte seine Geburt ein freudiges Ereignis dar, da die Thronfolge nun gesichert war. Als sein Vater Ludwig XIII. im Jahre 1643 starb, wurde er bereits als Vierjähriger am 14. Mai 1643 inthronisiert. Da man in diesem Alter natürlich noch kein Land regieren kann, übernahm seine Mutter, Anna von Österreich, bis zu seinem dreizehnten Geburtstag die Regentschaft. Kardinal Mazarin übte als „Premierminister" die Regierungsgeschäfte aus. Dieser bereitete Ludwig schrittweise auf sein Amt als absolutistischer Herrscher vor. 1660 heiratete Ludwig XIV. Maria Theresia, die älteste, erbberechtigte Tochter des spanischen Königshauses. Als Mazarin 1661 starb, übernahm der 22-jährige König die Alleinherrschaft über Frankreich. Während seiner Regierung gewann Frankreich die Vormachtstellung in Europa. Sein Herrscherstil wurde zum Vorbild für viele europäische Fürsten. Am 1. September 1715 starb er in Versailles.

Ludwig XIV. herrschte als absoluter Monarch „von Gottes Gnaden" mit unumschränkter und unabhängiger Macht. Er war oberster Richter, Gesetzgeber, Verwalter und Kriegsherr zugleich. Diese Form der Staatsführung wird als Absolutismus bezeichnet. Wie die Sonne wollte er seinem Land „Licht und Glanz" verleihen, weswegen er auch „Sonnenkönig" genannt wurde. So wird ihm der Leitspruch des Absolutismus „Der Staat bin ich!" fälschlicherweise zugeschrieben, doch beschreibt dieser seine Regierungsform treffend. Die Stützen seiner Macht waren ein großes stehendes Berufsheer, der Einsatz von vorzugsweise bürgerlichen Berufsbeamten in der Verwaltung sowie die Förderung der französischen Wirtschaft durch Steuereinnahmen und den Merkantilismus. Ungeheure Geldsummen verschlangen die zahlreichen Kriege, die Ludwig XIV. in Europa führte, insbesondere der Spanische Erbfolgekrieg, sowie seine verschwenderische Hofhaltung im Schloss Versailles. Dort sammelte er die nun politisch bedeutungslosen Adeligen und Verwandte um sich und bot ihnen ein Leben in Luxus mit zahlreichen Festen und Vergnügungen unter seiner „Aufsicht". Wer nicht am königlichen Hof lebte, galt in der Gesellschaft als bedeutungslos.

Das große, prächtige Schloss Versailles ließ Ludwig XIV. von 1661 bis 1690 in der Nähe von Paris bauen. Es diente der Zentralisierung seiner Macht. Ludwig XIV. schwächte die Adeligen, indem er sie zu Mitgliedern seines Hofes machte, um sie so besser im Auge behalten zu können. Das Schloss war von einer riesigen, prachtvollen Parkanlage mit Kanälen, Teichen, Springbrunnen und Alleen umgeben. Hecken waren zu grünen Mauern, Bäume zu Kugeln, Pyramiden, Säulen oder Tierformen zugeschnitten. Der Mittelpunkt der strahlenförmigen Anlage war das Schlafgemach des Königs. Das Schloss besaß ca. 2000 Räume, die prächtig mit Spiegeln, Stuck, Marmor, Statuen, Gold, kostbaren Teppichen, wertvollen Gemälden und Möbeln aus edlen Hölzern ausgestattet waren. Es konnten bis zu 15000 Gäste beherbergt werden.

Trotz all des Prunks war das Schloss besonders im Winter nicht sehr komfortabel. Die hohen, zugigen Räume waren schlecht beheizbar, weshalb es zeitweise ziemlich kühl war. Da die Küche zu weit von den Speisesälen entfernt lag, war das Essen oft schon kalt, wenn es endlich auf den Tisch kam. Es gab weder fließendes Wasser noch fest installierte Toiletten. Die vornehmen Damen und

Thema: Rückblicke

Sach- und Gebrauchstexte: Der Sonnenkönig Ludwig XIV.

Herren verrichteten ihre Notdurft in Leibstühle und Nachttöpfe, in dringenden Fällen wohl auch in Ecken, Kaminen oder auf Treppen. Da es an Bädern fehlte und Wasser ohnehin nicht sehr beliebt war, trug man dicke Puderschichten auf und versuchte, unangenehmen Körpergeruch durch starkes Parfümieren zu überdecken. Gegen Läuse und Flöhe verwendete man Kopf- und Rückenkratzer.

Der Hofstaat von Ludwig XIV. war riesig. Zeitweise lebten im Schloss Versailles bis zu 20 000 Menschen. Etwa 4 000 Bedienstete kümmerten sich um das Wohl der zahlreichen Gäste, darunter beispielsweise 383 Köche, 48 Ärzte und 128 Sänger. Die Leibwache bestand aus mehreren tausend Mann. Der Sonnenkönig verfügte persönlich über 24 Kammerherren, 32 Kammerdiener, zwölf Mantelträger, acht Rasierer und drei Bindenknüpfer. Als ein besonderes Privileg für ausgewählte Adelige galt es, dem König in seinem Gemach beim An- oder Auskleiden zu helfen. Das gesamte Hofleben war nach einer strengen Etikette geregelt.

Um den aufgabenlosen Adel am Hof zu beschäftigen, bot Ludwig XIV. zahlreiche Vergnügungen wie die Jagd oder Kutschfahrten an und veranstaltete häufig prächtige Bankette, Maskenbälle, Feste, Spieleabende sowie Theater- und Opernaufführungen. Man tanzte Menuett, führte gepflegte Unterhaltungen nach Etikette und genoss Galadiners mit feinsten Speisen. Die Gabel kam in Mode. Oft bildete ein grandioses Feuerwerk den krönenden Abschluss eines Abends.

Die Adeligen waren genötigt, immense Geldsummen für eine der Etikette entsprechende Kleidung auszugeben. Bei Männern waren riesige Lockenperücken, Hüte mit Federn, Spitzenkrawatten, reich bestickte Überröcke, Gürtelschärpen, Kniebundhosen, Zwickelstrümpfe sowie hochhackige Schuhe mit Schnallen in Mode. Die vornehmen Damen trugen lange Röcke mit offenem Überwurf, an den Hüften gerafft und mit Schleppe. Um eine möglichst schmale Taille zu erhalten, ließen sich einige ihr Korsett so eng schnüren, dass sie zur Ohnmacht neigten, wofür man dann ein Riechfläschchen benötigte. Große Dekolletés waren bei den Damen ebenso in Mode wie hoch aufgetürmte Haare mit Häubchen auf dem Hinterkopf. Natürlich wurden nur die edelsten Stoffe wie Seide, Brokat und Samt verwendet.

Zahlreiche europäische Fürsten imitierten den absolutistischen Herrscherstil und das pompöse Hofleben des Sonnenkönigs im barocken Schloss Versailles.

Thema: Rückblicke

Sach- und Gebrauchstexte: Der Sonnenkönig Ludwig XIV.

 1. Lies den Text beim ersten Mal noch nicht genau, sondern überfliege ihn. Verschaffe dir so eine grobe Vorstellung von Inhalt und Aufbau des Textes.

 2. Worum geht es in dem Text? Schreibe die zentrale Aussage in dein Heft.

 3. Überlege dir zehn W-Fragen, auf die der Text Antwort gibt und schreibe sie auf ein Blatt Papier. Dabei können dir diese Fragepronomen helfen: wer, wo, wann, was, wie, wie viele, wodurch, warum, weshalb, wozu.
Tausche nun deine Fragen mit denen deines Nachbarn aus und beantworte diese schriftlich in deinem Heft. Lies dazu den Text gründlich durch und suche zuerst immer die jeweilige Textstelle, die dir die Antwort auf die Frage gibt. Kontrolliert zum Schluss gemeinsam eure Lösungen.

 4. Lies den Text noch einmal sorgfältig durch.

a) Welche Wörter sind dir unklar? Unterstreiche sie im Text farbig. Erschließe unbekannte Begriffe aus dem Textzusammenhang. Falls dir das nicht gelingt oder du unsicher bist, schlage den unbekannten Begriff im Duden oder Lexikon nach oder schaue im Internet.

b) Welche Bedeutung gehört zu welchem Begriff? Verbinde mit Pfeilen.

Inthronisation	Staatsoberhaupt, Herrscher
Regent	gekröntes Staatsoberhaupt
Kardinal	uneingeschränkte Herrschaft eines Monarchen
Monarch	höchster katholischer Würdenträger nach dem Papst
Absolutismus	Wirtschaftspolitik in der Zeit des Absolutismus
Merkantilismus	Thronerhebung, feierliche Einsetzung
Stuck	um Schulter oder Hüfte getragenes breites Band
Allee	festliches Abendessen mit mehreren Gängen
Galadiner	aus Gips hergestellte Verzierung
Etikette	Kunststil des 17. und 18. Jahrhunderts
Schärpe	mit Bäumen gesäumter Weg oder Straße
Barock	Gesamtheit der offiziellen Umgangsformen

c) Die folgenden Fremdwörter kommen alle im Text vor. Erkläre sie in ganzen Sätzen und schreibe in dein Heft. Benutze die Formulierungshilfen auf der nächsten Seite.

- ✓ absolut (Zeile 13)
- ✓ Luxus (Zeile 24)
- ✓ komfortabel (Zeile 35)
- ✓ installiert (Zeile 38)
- ✓ Privileg (Zeile 47)
- ✓ Bankett (Zeile 51)
- ✓ imitieren (Zeile 64)
- ✓ pompös (Zeile 64)

III. Material zur Individuellen Förderung

Thema: Rückblicke
Sach- und Gebrauchstexte: Der Sonnenkönig Ludwig XIV.

Formulierungshilfen:

- ✓ Der Begriff „absolut" bedeutet …
- ✓ Ein „absoluter" Monarch ist also ein Herrscher, der …
- ✓ Unter „Luxus" versteht man …
- ✓ Der Begriff „komfortabel" bedeutet …
- ✓ Mit „installiert" ist … gemeint.
- ✓ Unter einem „Privileg" versteht man …
- ✓ Ein „Bankett" ist ein …
- ✓ Der Begriff „imitieren" bedeutet …
- ✓ Mit „pompös" ist gemeint, dass …

 5. Suche zu folgender Aussage die entsprechende Stelle im Text und unterstreiche sie farbig.

> Das Schloss Versailles diente Ludwig XIV. dazu, seine Macht an einem Mittelpunkt zu vereinigen.

Belege diese Aussage nun, indem du den entsprechenden Satz aus dem Text wortwörtlich abschreibst. Vergiss beim Zitieren des Satzes die Anführungszeichen nicht und gib auch die Zeile an. Schreibe in dein Heft.

 6.

a) Ordne die folgenden Teilüberschriften den Absätzen 1–4 zu und schreibe sie auf die Zeilen. Lies dazu die Absätze noch einmal genau durch.

- ✓ Funktion, Parkanlage und Raumausstattung des Schlosses Versailles
- ✓ Die wichtigsten Lebensdaten von Ludwig XIV.
- ✓ Mängel des Schlosses
- ✓ Absolutistische Herrschaft und Sicherung seiner Macht

Absatz 1 (Zeilen 1–12): _____

Absatz 2 (Zeilen 13–25): _____

Absatz 3 (Zeilen 26–34): _____

Absatz 4 (Zeilen 35–42): _____

b) Formuliere zu den Abschnitten 5–8 selbst eine passende Teilüberschrift.

Absatz 5 (Zeilen 43–49): _____

Absatz 6 (Zeilen 50–54): _____

Absatz 7 (Zeilen 55–63): _____

Absatz 8 (Zeilen 64/65): _____

Thema: Rückblicke

Sach- und Gebrauchstexte: Der Sonnenkönig Ludwig XIV.

 7. Überprüfe bei jeder Aussage, ob sie wahr (w) oder falsch (f) ist oder ob im Ausgangstext das Gegenteil gemeint ist. Lies im Text sorgfältig nach und kreuze dann an.

Aussage	w	f	Gegenteil
1660 heiratete Ludwig XIV. die jüngste, enterbte Tochter des spanischen Königshauses.			
Die Adeligen und Verwandten waren politisch ohne Bedeutung.			
Der Leitspruch des Absolutismus „Der Staat bin ich" stammt von Ludwig XIV.			

 8. Erkläre dieses sprachliche Bild aus dem Textzusammenhang:

„im Auge behalten" (Zeile 28)

Schreibe deine Erklärung in ganzen Sätzen in dein Heft.

 9. Welche Absichten verfolgt der Text bzw. Autor? Kreuze an.

Dieser Text …

☐ … erzählt eine lustige Geschichte über das Leben am Hof von Ludwig XIV.
☐ … will über Ludwig den XIV. und das Leben im Schloss Versailles informieren.
☐ … informiert ausführlich über die zahlreichen Kriege von Ludwig XIV.
☐ … fordert auf, kritisch zum Luxusleben der Adeligen Stellung zu nehmen.

10. Schreibe zu folgenden Stichpunkten die wichtigsten Informationen aus dem Text in dein Heft. Am besten übernimmst du die Tabellenform. Beachte, dass du pro Stichpunkt etwa drei Zeilen zum Schreiben benötigst.

Informationen zum Sonnenkönig Ludwig XIV.	
Lebensdaten	
Regierungsform	
Sicherung der Macht	
Schloss Versailles	
Der Hofstaat	
Probleme	

 11. Bildet Kleingruppen und informiert euch mithilfe verschiedener Nachschlagewerke (Internet, Lexikon etc.) noch genauer über folgende Themengebiete:

✓ Ludwig XIV.
✓ Schloss Versailles
✓ Etikette
✓ Barock

Stellt eure Ergebnisse in Form einer Mindmap dar.

III. Material zur Individuellen Förderung

Thema: Rückblicke
Sach- und Gebrauchstexte: Der Sonnenkönig Ludwig XIV.

DER SONNENKÖNIG LUDWIG XIV.

Möglicher Ablauf

Einstieg
- ✓ Bildimpuls: Folie „Ludwig XIV. im Krönungsmantel" aus dem Jahr 1701 zeigen (vgl. Folie Seite 59)
- ✓ Schüler äußern sich spontan
- ✓ Vorwissen der Schüler abfragen

Texterarbeitung

1. Überfliegendes Lesen
Aufgabe 1: überfliegendes und diagonales Lesen
Aufgabe 2: die zentrale Aussage des Textes formulieren

2. Textverständnis
Aufgabe 3: Informationen im Text finden und markieren, sprachlich und inhaltlich schwierige Textstellen (Fremdwörter, Gestaltungsmittel, lange Sätze) erklären, W-Fragen zum Text formulieren, eine Tabelle ergänzen, verschiedene Nachschlagequellen (z. B. Lexikon, Internet) selbstständig nutzen

Aufgabe 4: im Text Abschnitte erkennen und nummerieren

Aufgabe 5: Teilüberschriften zuordnen und formulieren

Aufgabe 6: Stichwortzettel zu Texten erstellen

Aufgabe 7: Textzusammenfassungen formulieren

Aufgabe 8: die Absicht des Autors/die Textintention kennen und mit Textstellen belegen

3. Weiterführende Aufgaben
Aufgabe 9: Gruppenarbeit: verschiedene Nachschlagequellen (z. B. Lexikon, Internet) selbstständig nutzen, zu einem Text ein Schaubild erstellen

Ausweitung
Querverweis zu Geschichte: Absolutismus, Kunst: Barock

Thema: Rückblicke

Sach- und Gebrauchstexte: Der Sonnenkönig Ludwig XIV.

Der Sonnenkönig Ludwig XIV.

Der Sonnenkönig Ludwig XIV., französisch Roi Soleil, wurde am 5. September 1638 im Schloss Saint-Germain-en-Laye geboren. Nachdem die Ehe seiner Eltern dreiundzwanzig Jahre kinderlos geblieben war, stellte seine Geburt ein freudiges Ereignis dar, da die Thronfolge nun gesichert war. Als sein Vater Ludwig XIII. im Jahre 1643 starb, wurde er bereits als Vierjähriger am 14. Mai 1643 inthronisiert. Da man in diesem Alter natürlich noch kein Land regieren kann, übernahm seine Mutter, Anna von Österreich, die Regentschaft und beauftragte den aus Italien stammenden Kardinal Mazarin als „regierenden Premierminister" mit der Ausübung der Regierungsgeschäfte. Mit 13 Jahren wurde Ludwig XIV. im Jahr 1651 für volljährig erklärt. Da er immer noch zu jung war, übertrug er die Macht an Mazarin. Dieser bereitete Ludwig schrittweise auf sein Amt als absolutistischer Herrscher vor. 1660 heiratete Ludwig XIV. Maria Theresia, die älteste, erbberechtigte Tochter des spanischen Königshauses. Als Mazarin 1661 starb, übernahm der 22-jährige König als Monarch die Alleinherrschaft über Frankreich. Während seiner Regierung gewann Frankreich die Vormachtstellung in Europa. Sein Herrscherstil wurde zum Vorbild für viele europäische Fürsten. Am 1. September 1715 starb er nach 54 Jahren Herrschaft in Versailles.

Ludwig XIV. herrschte als absoluter Monarch „von Gottes Gnaden" mit uneingeschränkter und unabhängiger Macht. Er war oberster Richter, Gesetzgeber, Verwalter und Kriegsherr zugleich. Diese Form der Staatsführung wird als Absolutismus bezeichnet. Wie die Sonne wollte er seinem Land „Licht und Glanz" verleihen, weshalb er auch „Sonnenkönig" genannt wurde. So wird ihm der Leitspruch des Absolutismus „Der Staat bin ich!" fälschlicherweise zugeschrieben, doch beschreibt dieser seine Regierungsform treffend. Die Stützen seiner Macht waren ein großes stehendes Berufsheer, der Einsatz von vorzugsweise bürgerlichen Berufsbeamten in der Verwaltung sowie die Förderung der französischen Wirtschaft durch Steuereinnahmen und den von Jean-Baptiste Colbert umgesetzten Merkantilismus. Ungeheure Geldsummen verschlangen die zahlreichen Kriege, die Ludwig XIV. in Europa führte, insbesondere der Spanische Erbfolgekrieg, sowie seine luxuriöse Hofhaltung im Schloss Versailles. Dort sammelte er die nun politisch bedeutungslose Adelige und Verwandte um sich und bot ihnen ein Leben in Luxus mit zahlreichen Festen und Vergnügungen unter seiner „Aufsicht", wodurch er ihnen weitgehend die Möglichkeit zur Opposition nahm. Wer nicht am königlichen Hof lebte, galt gesellschaftlich als bedeutungslos.

Das große, prächtige Schloss Versailles, ein ehemaliges Jagdschloss seines Vaters, ließ Ludwig XIV. von 1661 bis 1690 in der Nähe von Paris errichten. Es diente der Zentralisierung seiner Macht. Ludwig XIV. schwächte die Adeligen, indem er sie zu Mitgliedern seines Hofes machte, um sie so besser im Auge behalten zu können. Das Schloss war von einer riesigen, prachtvollen Parkanlage mit Kanälen, Teichen, Springbrunnen und Alleen umgeben. Hecken waren zu grünen Mauern, Bäume zu Kugeln, Pyramiden, Säulen oder Tierformen zugeschnitten. Mittelpunkt der strahlenförmigen Anlage war das Schlafgemach des Königs. Das Schloss besaß etwa 2000 Räume, die prächtig mit Spiegeln, Stuck, Marmor, Statuen, Gold, kostbaren Teppichen, wertvollen Gemälden und Möbeln aus edlen Hölzern ausgestattet waren. Es konnten bis zu 15 000 Gäste beherbergt werden.

Thema: Rückblicke
Sach- und Gebrauchstexte: Der Sonnenkönig Ludwig XIV.

Trotz all des Prunks war das Schloss besonders im Winter nicht sehr komfortabel. Die hohen, zugigen Räume waren schlecht beheizbar, weshalb es zeitweise ziemlich kühl war. Da die Küche zu weit von den Speisesälen entfernt lag, waren die Gerichte oft schon kalt, wenn sie serviert wurden. Es gab weder fließendes Wasser noch fest installierte Toiletten. Die vornehmen Damen und Herren verrichteten ihre Notdurft in Leibstühle und Nachttöpfe, in dringenden Fällen wohl auch in Ecken, Kaminen oder auf Treppen. Da es an Bädern fehlte und Wasser ohnehin nicht sehr beliebt war, trug man dicke Puderschichten auf und versuchte, unangenehmen Körpergeruch durch starkes Parfümieren zu überdecken. Gegen Läuse und Flöhe verwendete man Kopf- und Rückenkratzer.

Der Hofstaat von Ludwig XIV. war riesig. Zeitweise lebten im Schloss Versailles bis zu 20 000 Menschen. Etwa 4 000 Bedienstete kümmerten sich um das Wohl der zahlreichen Gäste, darunter beispielsweise 383 Köche, 48 Ärzte und 128 Sänger. Die Leibwache bestand aus mehreren tausend Mann. Der Sonnenkönig verfügte persönlich über 24 Kammerherren, 32 Kammerdiener, 12 Mantelträger, 8 Rasierer und 3 Bindenknüpfer. Als ein besonderes Privileg für ausgewählte Adelige galt es, dem König in seinem Gemach beim An- oder Auskleiden zu helfen. Das gesamte Leben war nach strenger Etikette geregelt.

Um den aufgabenlosen Adel am Hof zu beschäftigen, bot Ludwig XIV. zahlreiche Vergnügungen wie Jagdausflüge oder Kutschfahrten an und veranstaltete häufig prächtige Bankette, Maskenbälle, Feste, Spieleabende sowie Theater- und Opernaufführungen. Man tanzte Menuett, führte gepflegte Unterhaltungen nach Etikette und genoss pompöse Galadiners mit erlesenen Speisen. Die Gabel kam in Mode. Oft bildete ein grandioses Feuerwerk den krönenden Abschluss.

Die Adeligen waren genötigt, immense Geldsummen für eine der Etikette entsprechende Kleidung auszugeben. Bei Männern waren riesige Lockenperücken, Hüte mit Federn, Spitzenkrawatten, reich bestickte Überröcke, Gürtelschärpen, Kniebundhosen, Zwickelstrümpfe sowie hochhackige Schuhe mit Schnallen in Mode. Die vornehmen Damen trugen lange Röcke mit offenem Überwurf, an den Hüften gerafft und mit Schleppe. Um eine möglichst schmale Taille zu erhalten, ließen sich einige ihr Korsett so eng schnüren, dass sie zur Ohnmacht neigten, wofür man dann ein Riechfläschchen benötigte. Große Dekolletés waren bei den Damen ebenso in Mode wie hoch aufgetürmte Haare mit Häubchen auf dem Hinterkopf. Natürlich wurden nur die edelsten Stoffe wie Seide, Brokat und Samt verwendet.

Zahlreiche europäische Fürsten imitierten den absolutistischen Herrscherstil und das pompöse Hofleben von Ludwig XIV. im barocken Schloss Versailles.

Thema: Rückblicke

Sach- und Gebrauchstexte: Der Sonnenkönig Ludwig XIV.

1. Lies den Text beim ersten Mal noch nicht genau, sondern überfliege ihn. Verschaffe dir so eine grobe Vorstellung von Inhalt und Aufbau des Textes.

2. Worum geht es in dem Text? Gib die Hauptaussage in ein bis zwei Sätzen wieder. Schreibe in dein Heft.

3. Lies den Text jetzt gründlich. Sieh dir zuvor aber die Arbeitsaufträge a) und b) an.

a) Unterstreiche wichtige Schlüsselbegriffe im Text, vorwiegend Nomen, an denen du erkennen kannst, worüber die einzelnen Abschnitte Auskunft geben.

b) Unterstreiche schwierige Textstellen (z. B. Fremdwörter oder lange Sätze). Zerlege lange Sätze in kürzere Stücke und versuche so, ihren Inhalt zu erfassen. Erschließe unbekannte Begriffe aus dem Textzusammenhang. Falls dir das nicht gelingt oder du dir unsicher bist, schlage sie nach (z. B. im Lexikon oder im Internet).

c) Überlege dir fünf W-Fragen, auf die der Text Antworten gibt. Schreibe sie in dein Heft. Formuliere dann die Antworten und gib die Zeile an, in der du die Antwort gefunden hast. Am besten übernimmst du die Tabellenform. Beachte, dass du für jede Frage und Antwort etwa zwei Zeilen brauchen wirst.

Frage	Antwort	Wo habe ich die Antwort gefunden?
1.	1.	
2.	2.	
…		

4. Versuche nun, den Text in Sinnabschnitte zu gliedern.

a) Ziehe dazu im Text nach jedem Abschnitt mit einem Farbstift eine Trennlinie.

b) Füge die Zeilennummerierung der jeweiligen Abschnitte ein.

    1. Abschnitt: Zeilen _____ – _____

    2. Abschnitt: Zeilen _____ – _____

    3. Abschnitt: Zeilen _____ – _____

    4. Abschnitt: Zeilen _____ – _____

    5. Abschnitt: Zeilen _____ – _____

    6. Abschnitt: Zeilen _____ – _____

    7. Abschnitt: Zeilen _____ – _____

    8. Abschnitt: Zeilen _____ – _____

Thema: Rückblicke
Sach- und Gebrauchstexte: Der Sonnenkönig Ludwig XIV.

 5.

a) Welche der folgenden Teilüberschriften fasst den Inhalt des jeweiligen Abschnitts zusammen?

1. Abschnitt
   ☐ Die Geburt von Ludwig XIV.
   ☐ Regentschaft seiner Mutter
   ☐ Hochzeit von König Ludwig XIV.
   ☐ Die wichtigsten Lebensdaten von Ludwig XIV.

2. Abschnitt
   ☐ Absolutismus
   ☐ „Der Staat bin ich!"
   ☐ Absolutistische Herrschaft und Stützen seiner Macht

3. Abschnitt
   ☐ Die Funktion des Schlosses von Versailles
   ☐ Die riesige Parkanlage des Schlosses von Versailles
   ☐ Die Raumausstattung des Schlosses von Versailles
   ☐ Funktion, Parkanlage und Raumausstattung des Schlosses von Versailles

4. Abschnitt
   ☐ Die Beheizbarkeit des Schlosses von Versailles
   ☐ Kälte im Schloss von Versailles
   ☐ Mängel des Schlosses von Versailles
   ☐ Weite Entfernungen im Schloss von Versailles

b) Formuliere für die folgenden Abschnitte selbst Teilüberschriften, die den Inhalt des jeweiligen Abschnitts am besten zusammenfassen.

5. Abschnitt (Zeilen _____–_____): _____

6. Abschnitt (Zeilen _____–_____): _____

7. Abschnitt (Zeilen _____–_____): _____

8. Abschnitt (Zeilen _____–_____): _____

6. Lies den Text nun nochmals gründlich. Lege dir anhand der gefundenen Teilüberschriften aus Aufgabe 5 und der unterstrichenen Schlüsselbegriffe aus Aufgabe 3 einen Stichwortzettel an, der die wichtigsten Informationen über den Sonnenkönig enthält. Schreibe keine Sätze aus dem Text ab.

7. Formuliere nun mithilfe deines Stichwortzettels eine Textzusammenfassung von ca. 10 bis 15 Sätzen in dein Heft.

III. Material zur Individuellen Förderung

Thema: Rückblicke

Sach- und Gebrauchstexte: Der Sonnenkönig Ludwig XIV.

 8.

a) Welche Absicht hat der Autor? Kreuze die zutreffende Aussage an.

Der Autor …

☐ … erzählt eine lustige Geschichte über das Leben am Hof von Ludwig XIV.

☐ … will über Ludwig XIV. und das Leben im Schloss Versailles informieren.

☐ … informiert ausführlich über die zahlreichen Kriege von Ludwig XIV.

☐ … fordert auf, kritisch zum Luxusleben der Adeligen Stellung zu nehmen.

b) Begründe deine Entscheidung mit Argumenten.

✓ _____

✓ _____

 9. Bildet Kleingruppen und informiert euch mithilfe verschiedener Nachschlagequellen (Internet, Lexikon etc.) noch genauer über folgende Themengebiete:

- ✓ Ludwig XIV.
- ✓ Schloss Versailles
- ✓ Merkantilismus
- ✓ Barock
- ✓ Etikette

Stellt eure Ergebnisse in einem Schaubild dar. Präsentiert eure Arbeiten dann der Klasse.

Thema: Dicke Luft **G**
Sach- und Gebrauchstexte: Sauerstoff im Körper und anderswo

SAUERSTOFF IM KÖRPER UND ANDERSWO
GESUNDHEITLICHE RISIKEN DURCH RAUCHEN

Möglicher Ablauf

Einstieg
- Bildimpuls: Folie zum Thema „Warnhinweise auf Zigarettenschachteln" zeigen (vgl. Folie/Anhang)
- Vorwissen zum Thema „Rauchen" aktivieren

Texterarbeitung

1. Genaues Lesen
Aufgabe 1: Teilüberschriften zuordnen
Aufgabe 2: verschiedene Nachschlagequellen angeleitet nutzen
Aufgabe 3: einen Text mit dem Originaltext vergleichen und Abweichungen korrigieren

2. Textverständnis
Aufgabe 4: W-Fragen zum Text beantworten
Aufgabe 5: die zentrale Aussage des Textes erfassen und mündlich wiedergeben
Aufgabe 6: im Text vorkommende Informationen einem Schaubild zuordnen
Aufgabe 7: Redewendungen erklären können

3. Weiterführende Aufgaben
Aufgabe 8: Informationen aus einer einfachen Tabelle entnehmen

III. Material zur Individuellen Förderung

Thema: Dicke Luft
Sach- und Gebrauchstexte: Sauerstoff im Körper und anderswo

Anhang
Folie: Warnhinweise auf Zigarettenschachteln

Rauchen kann zu Durchblutungsstörungen führen und verursacht Impotenz.

Rauchen kann zu einem langsamen und schmerzhaften Tod führen.

Rauchen kann die Spermatozoen schädigen und schränkt die Fruchtbarkeit ein.

Wer das Rauchen aufgibt, verringert das Risiko tödlicher Herz- und Lungenerkrankungen.

Gesundheitliche Risiken durch Rauchen

A: Die wichtigsten Schadstoffe im Tabakrauch sind: Nikotin, spezielle Kohlenwasserstoffe und Kohlenmonoxid.

B: Nikotin ist ein starkes pflanzliches Gift, das die Herztätigkeit beschleunigt, die Blutgefäße verengt und damit den Blutdruck erhöht. Es begünstigt Ablagerungen an den Gefäßwänden und kann daher zur dauerhaften Verengung der Blutgefäße führen. Dadurch werden Teile des Organismus schlechter mit Sauerstoff versorgt.

C: Wenn Tabak abkühlt, schlagen sich spezielle Kohlenwasserstoffe als Kondensat nieder („Tabakteer"). Die Teerstoffe lagern sich an den Wänden der Luftröhre, der Bronchien und im Inneren der Lungenbläschen ab.

D: Kohlenmonoxid, ein farb- und geruchloses Gas, gelangt durch die Wände der Lungenbläschen ins Blut und bewirkt, dass der Organismus nicht ausreichend mit Sauerstoff versorgt wird.

E: Das Zusammenwirken der genannten Schadstoffe bedeutet für den Raucher ein deutliches Risiko, folgende Krankheiten zu bekommen:
- ✓ Krebserkrankungen, insbesondere der Lunge, des Kehlkopfes, der Mundhöhle und der Speiseröhre
- ✓ Verengung der Herzkranzgefäße und dadurch erhöhtes Herzinfarktrisiko
- ✓ Durchblutungsstörungen in den Beinen („Raucherbeine")
- ✓ Beeinträchtigung der Atemleistung („Raucherhusten")
- ✓ Zerfall der Lungenbläschen
- ✓ Entzündungen und Geschwüre an Magen und Zwölffingerdarm

Thema: Dicke Luft
Sach- und Gebrauchstexte: Sauerstoff im Körper und anderswo

1. Ordne die folgenden Überschriften den passenden Textabschnitten zu. Ziehe dazu mit einem Lineal Verbindungspfeile.

Folgen für das Atmungssystem	E
Folgen für das Blutgefäßsystem	A
Schadstoffe im Tabak	D
Krankheiten durch Tabakkonsum	B
Folgen für den gesamten Organismus	C

2. Kläre die folgenden Begriffe mithilfe eines Lexikons, eines Schulbuchs oder des Internets. Schreibe ihre Bedeutung hier auf.

a) Kohlenmonoxid: _____

b) Kondensat: _____

c) Teerstoffe: _____

d) Herzinfarkt: _____

e) Risiko: _____

Thema: Dicke Luft
Sach- und Gebrauchstexte: Sauerstoff im Körper und anderswo

NIVEAU G

3. Der folgenden Sätze sind denen im Originaltext ganz ähnlich. Es sind jedoch ein paar Rechtschreib- und Sinnfehler darin versteckt. Versuche, alle Fehler zu finden. Schreibe in die rechte Spalte, wie die Wörter richtig geschrieben werden. Die Anzahl der Fehler steht jeweils in der ersten Spalte.

2	Nikotin ist ein starges tierisches gift,	
2	das die Herstätigkeit beschleunikt,	
3	die Augen ferengt und damit dem	
4	Druck erhöt. Es verbilligt die Aplagerungen	
2	an den Gefäßwenden und kan zur	
2	dauerhafften verengung der Blutgefäße	
0	führen.	

4. Beantworte die Fragen mithilfe des Textes. Gib jeweils an, in welcher Textzeile die Information zu finden ist.

a) Welche Krebserkrankungen kann Rauchen hervorrufen?

_____

_____ (Zeilen ____–____)

b) Was passiert, wenn Tabak abkühlt?

_____

_____ (Zeilen ____–____)

c) Was bewirkt Nikotin?

_____

_____ (Zeilen ____–____)

d) Wie kommt Kohlenmonoxid ins Blut?

_____

_____ (Zeilen ____–____)

e) Welche Wirkung hat Kohlenmonoxid im Blut?

_____

_____ (Zeilen ____–____)

Thema: Dicke Luft
Sach- und Gebrauchstexte: Sauerstoff im Körper und anderswo

5. Worum geht es hauptsächlich in dem Text? Versuche, es in 2–3 Sätzen zusammenzufassen.

_____

_____

_____

6. Betrachte die Skizze der menschlichen Atmungsorgane. Daneben ist eine Liste mit den Organen aufgeführt. Zeige jeweils durch eine Linie an, wo in der Skizze sich das Organ befindet. Schreibe hinter den Begriff, welche Krankheit an dieser Stelle durch das Rauchen entstehen kann. Lies ggf. noch einmal im Text nach.

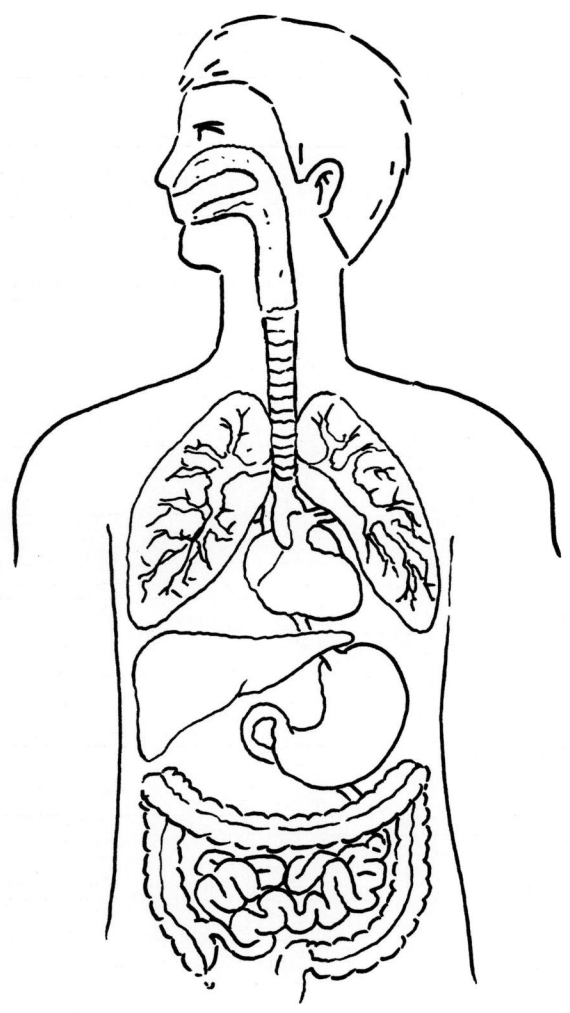

Nase: _____

Rachenraum: _____

Mundhöhle: _____

Kehlkopf: _____

Luftröhre: _____

Bronchien: _____

Lunge: _____

Lungenbläschen: _____

Blutgefäße: _____

Herz: _____

Magen/Zwölffingerdarm: _____

III. Material zur Individuellen Förderung

Thema: Dicke Luft
Sach- und Gebrauchstexte: Sauerstoff im Körper und anderswo

 7. In der folgenden Tabelle sind einige Sprichwörter und Redensarten zu Körperteilen aufgelistet. Versuche, die Bedeutung der Sprichwörter und Redensarten mit eigenen Worten zu erklären. Nimm die Redensart dann ganz wörtlich und notiere in der rechten Spalte, in welcher Form der Raucher tatsächlich mit dem in der Redensart beschriebenen Symptom zu kämpfen hat. Wenn du dir nicht sicher bist, nimm deine ausgefüllte Liste von Aufgabe 6 zu Hilfe.

Redensart	Bedeutung	Gesundheit/Raucher
Das ist mir auf den Magen geschlagen.		
kalte Füße bekommen		
Mir geht die Luft aus.		
Mir klopft das Herz bis zum Hals.		

III. Material zur Individuellen Förderung

Thema: Dicke Luft

Sach- und Gebrauchstexte: Sauerstoff im Körper und anderswo

 8. In der folgenden Tabelle ist angegeben, wie hoch der Nikotingehalt in den Haaren von passivrauchenden Kindern ist.
Betrachte die Tabelle genau und gib danach an, ob die jeweilige Aussage wahr (w) oder falsch (f) ist oder in der Tabelle gar nicht beschrieben wird.

nicht aktiv rauchende Kinder (6–14 Jahre) in Deutschland 1992, Nikotin im Haar (µg/g)		
Raucher im Haushalt	Untersuchte Anzahl	Mittelwert (Nikotin)
keiner	120	< 0,1
mind. ein Raucher	131	0,52
Passivrauchen		
keine Passivraucher	54	0,11
Passivraucher	194	0,28
schwache Passivraucher	123	0,15
starke Passivraucher	71	0,81

Aussage	w	f	nicht zu entnehmen
Kinder rauchender Eltern haben mehr Nikotin in den Haaren.			
Es gibt kaum einen Unterschied im Nikotingehalt der beiden Gruppen.			
Erst wenn Kinder ein Jahr bei rauchenden Eltern sind, erhöht sich der Nikotingehalt.			
Kinder, die mit mindestens einem Raucher in einem Haushalt leben, haben einen fünffach höheren Nikotingehalt in den Haaren.			
Der Nikotingehalt ist bei der Gruppe „schwache Passivraucher" und der Gruppe „keine Passivraucher" kaum zu unterscheiden.			
Je größer die untersuchte Gruppe ist, desto höher ist der Nikotingehalt.			
Die Mitglieder der Gruppe starke Passivraucher sind durchschnittlich elf Jahre alt.			
Ist man drei Jahre lang nicht mehr Passivraucher, sinkt der Nikotingehalt in den Haaren um 0,4 µg/g.			

III. Material zur Individuellen Förderung

SAUERSTOFF IM KÖRPER UND ANDERSWO
DIE ZUSAMMENSETZUNG DER LUFT

Möglicher Ablauf

Einstieg
Aufgabe 1: Vorwissen aktivieren, eine Mindmap zum Thema „Luft" erstellen

Texterarbeitung
1. Textverständnis
Aufgabe 2: W-Fragen zur Teilüberschrift formulieren und nach dem Lesen des Textes beantworten, verschiedene Nachschlagequellen nutzen

Aufgabe 3: Teilüberschriften zu Textabschnitten formulieren.

Aufgabe 4: die Bedeutung von Wörtern aus dem Textzusammenhang erklären

Aufgabe 5: Verben im Text finden und bestimmte Flexionsformen bilden

Aufgabe 6: Informationen (lange Wörter) im Text finden und markieren

2. Weiterführende Aufgaben
Aufgabe 7: zum Text ein Schaubild erstellen

Aufgabe 8: Gruppenarbeit: verschiedene Nachschlagequellen (z. B. Internet, Lexika) nutzen, ein Lernplakat erstellen und präsentieren

Aufgabe 9: textbasiert einfache Schlussfolgerungen ziehen, zum Text eine eigene Meinung formulieren

Thema: Dicke Luft
Sach- und Gebrauchstexte: Sauerstoff im Körper und anderswo

Die Zusammensetzung der Luft

A: Für jeden ist die uns umgebende Luft selbstverständlich. Wir atmen sie ein, sehen sie als blauen Himmel oder betrachten die Wolken, die ein Gewitter ankündigen. Doch woraus besteht die Luft?

B: Luft ist ein Gemisch aus vielen verschiedenen Gasen, wobei zwei Gase 99 % der Luftanteile ausmachen. Der größte Bestandteil ist das Element Stickstoff mit 78 %, während der für uns so entscheidende Sauerstoff einen Anteil von 21 % hat. Das verbleibende Prozent wird von einer Anzahl verschiedener Gase gebildet. Darunter befinden sich Kohlenstoffdioxid und mehrere Edelgase, aber auch Schadstoffe, die durch Abgase aus Fabriken, Haushalten und Autos in unsere Atmosphäre gelangen. Neben diesen Gasen spielt die Luftfeuchtigkeit, also die Menge an Wasserdampf in der Luft, eine wichtige Rolle.

C: Beschäftigen wir uns zunächst einmal damit, wie sich die Luft um unsere Erde verteilt. Nur in einer ganz schmalen Hülle um unseren Globus existiert die Luft in einer Form, die als Lebensgrundlage für Menschen, Tiere und Pflanzen dient und den nötigen Sauerstoff für die Lebewesen bereitstellt. Stellen wir uns vor, die Erde wäre auf die Größe einer Orange geschrumpft: Die Atmosphäre wäre dann nur so dünn wie ein Blatt Papier. Sie reicht nur bis in 10 km Höhe, das heißt, auf dem höchsten Gipfel der Erde ist es fast keinem Menschen mehr möglich, genügend Sauerstoff zum Überleben zu erhalten. Über dieser Schicht liegt eine weitere, die uns unter anderem vor zu starken Sonnenstrahlen schützt.

D: Aus Erfahrung wissen wir, dass der Wasserdampfanteil in der Luft nicht immer gleich hoch ist. Hinzu kommt, dass die Luft je nach Temperatur unterschiedlich viel Wasser aufnehmen kann. Bei einer Lufttemperatur von 20 °C kann die Luft viermal so viel Wasser aufnehmen wie bei 0 °C, um mit Wasserdampf gesättigt zu sein. Das erklärt auch, warum es gerade im Herbst in den Morgenstunden neblig ist und sich der Nebel während des Vormittags auflöst. Denn die Erhöhung der Lufttemperatur bewirkt die höhere Wasserkapazität der Luft.

E: Schon mit diesen kurzen Informationen erkennt man, welche komplexen Vorgänge zusammenkommen müssen, um unsere Atmosphäre lebensfähig zu halten. Wir sollten also die uns umgebende Luft nicht als selbstverständlich ansehen, sondern uns bemühen, sie so gut wie möglich zu schützen.

Thema: Dicke Luft
Sach- und Gebrauchstexte: Sauerstoff im Körper und anderswo

1. Lies dir zunächst nur die Überschrift des Textes durch. Vielleicht hast du zu diesem Thema schon einmal etwas im Unterricht gehört oder im Fernsehen gesehen.

Erstelle eine Mindmap zum Thema „Luft", in der du dein Vorwissen in Stichpunkten notierst.

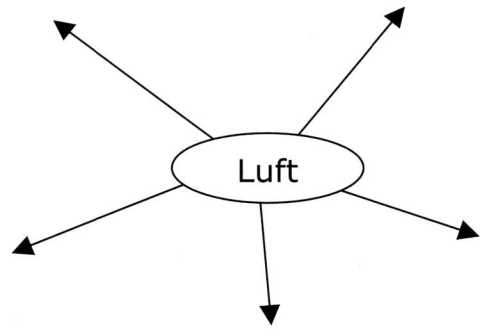

2. Schreibe, bevor du den Text liest, fünf W-Fragen in dein Heft, die dir zur Überschrift einfallen. Lies anschließend den Text sorgfältig durch und überprüfe, ob deine Fragen durch den Text beantwortet wurden. Notiere die Antworten ebenfalls in deinem Heft und stelle die Fragen einem Partner. Versuche Fragen, die durch den Text nicht beantwortet werden, mithilfe eines Lexikons, eines Schulbuchs oder des Internets zu klären.

3. Der Text über die Zusammensetzung der Luft ist in fünf Abschnitte gegliedert. Suche zu jedem Abschnitt eine kurze, passende Überschrift.

A: _____

B: _____

C: _____

D: _____

E: _____

III. Material zur Individuellen Förderung

Thema: Dicke Luft
Sach- und Gebrauchstexte: Sauerstoff im Körper und anderswo

4. Finde zu den folgenden Wörtern Begriffe im Text, die das Gleiche ausdrücken. Gib jeweils an, in welcher Textzeile du die Begriffe gefunden hast.

a) Lufthülle: _____ (Zeile ____)

b) reduziert: _____ (Zeile ____)

c) vielfältig: _____ (Zeile ____)

d) Grundstoff: _____ (Zeile ____)

5. Suche aus dem ersten Absatz alle Verben heraus. Nenne ihre Grundform (Infinitiv) und bilde jeweils die Form der zweiten Person Singular (Einzahl) in verschiedenen Zeiten. Schreibe die Zeitformen in die folgende Tabelle.

Verb im Text	Infinitiv	Präsens 2. Pers. Sg.	Präteritum 2. Pers. Sg.	Perfekt 2. Pers. Sg.	Futur 2. Pers. Sg.
ist	sein	du bist	du warst	du bist gewesen	du wirst sein
umgebende	umgeben	du umgibst	du umgabst	du hast umgeben	du wirst umgeben

6. Finde im Text alle Wörter mit fünf oder mehr Silben und schreibe sie hier auf. Gib auch die Zeilen an.

_____ (Zeile ____)

_____ (Zeile ____)

_____ (Zeile ____)

_____ (Zeile ____)

_____ (Zeile ____)

_____ (Zeile ____)

_____ (Zeile ____)

_____ (Zeile ____)

Thema: Dicke Luft

Sach- und Gebrauchstexte: Sauerstoff im Körper und anderswo

 7. Im Text wird angegeben, wie sich die Luft zusammensetzt. Erstelle mit den Prozentwerten der verschiedenen Gase ein Kuchendiagramm. Auf den Zeilen ist Platz für deine „Legende". Kennzeichne die Gase mit unterschiedlichen Farben.

Zusammensetzung der Luft:

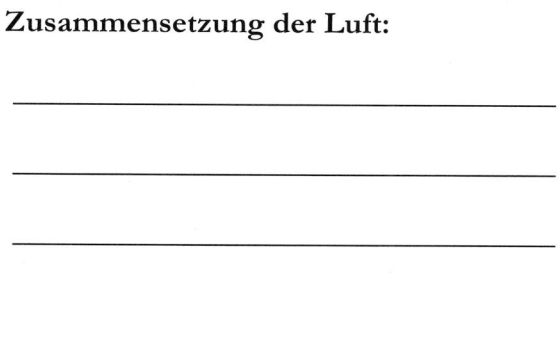

 8. Du hast im Text erfahren, dass in unserer Luft auch Schadstoffe vorhanden sind. Bilde nun eine Lerngruppe mit ein paar Mitschülern, sucht euch einen der folgenden drei Schadstoffverursacher aus und bearbeitet gemeinsam die folgenden Fragen:

Verkehr   Industrie   Haushalte

✓ Welche Schadstoffe gelangen hier jeweils in die Luft?
✓ Welche Folgen hat das?

Sucht Informationen im Lexikon und im Internet. Sammelt eure Ergebnisse auf einem Lernplakat und stellt dieses dann der Klasse vor.

Tipp: Bilder machen ein Lernplakat besonders interessant!

9. Im Text heißt es: „Wir sollten die uns umgebende Luft so gut wie möglich schützen". Begründe diese Aussage mit einem Aufsatz, den du in dein Heft schreibst. Nutze dazu die Informationen des Textes, aber auch dein Vorwissen. Schreibe am Ende deine eigene Meinung auf.
In der Klasse soll später in verschiedenen Gruppen eine „Schreibkonferenz" durchgeführt werden, bei der du deine Ergebnisse mit denen der anderen vergleichst und diskutierst.

III. Material zur Individuellen Förderung

Thema: Dicke Luft
Sach- und Gebrauchstexte: Sauerstoff im Körper und anderswo

SAUERSTOFF IM KÖRPER UND ANDERSWO
DIE BLUTGRUPPEN DES MENSCHEN

Möglicher Ablauf

Einstieg
- ✓ Vorwissen zum Thema „Blut/Blutgruppen" im Unterrichtsgespräch aktivieren
- ✓ gemeinsam eine Mindmap zum Thema an der Tafel oder auf einer Folie erstellen

Texterarbeitung

1. Überfliegendes Lesen
Aufgabe 1: überfliegend und exzerpierend lesen, diagonales Lesen für einen kurzen, mündlichen Vortrag nutzen

2. Genaues Lesen
Aufgabe 2: den Text in Abschnitte untergliedern und Teilüberschriften formulieren

Aufgabe 3: die Bedeutung von Wörtern aus dem Textzusammenhang erklären, Nachschlagewerke nutzen

Aufgabe 4: Informationen im Text finden, eine Reihenfolge von Reizwörtern auf ihre Korrektheit hin überprüfen

Aufgabe 5: zusammengesetzte Nomen und ihre Bildungsprinzipien erkennen

3. Textverständnis
Aufgabe 6: Verknüpfung von Hauptsätzen mit Konjunktionen

4. Weiterführende Aufgaben
Aufgabe 7: Schlussfolgerungen aus dem Text ziehen, darüber hinausgehende Ideen entwickeln

Aufgabe 8: Informationen aus mehreren Schaubildern miteinander in Beziehung setzen und ein eigenes Schaubild erstellen

III. Material zur Individuellen Förderung

Die Blutgruppen des Menschen

Schon im Altertum experimentierten Mediziner damit, Menschen durch die Transfusion von Tierblut zu retten. Dies führte jedoch zu keinem Erfolg. Ein Nürnberger Arzt versuchte zu Beginn des 18. Jahrhunderts, das Leben einer Frau durch die Übertragung von menschlichem Blut zu retten. Es gelang ihm, doch bei weiteren Versuchen lag die Erfolgsquote nur bei etwa 50 %. 1875 publizierte Leonard Landois eine Statistik, aus der hervorging, dass nur bei 150 von 347 Transfusionen von einem Erfolg gesprochen werden konnte.

Erst eine Entdeckung Karl Landsteiners aus dem Jahr 1901 brachte schließlich die Medizin weiter und führte zu den heutigen Möglichkeiten der Transfusion:

Es war bekannt, dass sich Blut häufig verklumpt, wenn es mit fremdem Blut in Verbindung kommt. Karl Landsteiner führte eine Versuchsreihe mit den Mitarbeitern seines Labors durch. Dabei vermischte er jeweils einige Tropfen Blut eines Mitarbeiters mit den Blutstropfen der anderen Mitarbeiter. So entdeckte er, dass es beim Menschen verschiedene Blutgruppen gibt. Für diese bahnbrechende Erkenntnis erhielt Landsteiner 1930 den Nobelpreis für Medizin.

Es können vier verschiedene Blutgruppen unterschieden und im AB0-System klassifiziert werden. Wird Blut unterschiedlicher Blutgruppen gemischt, kann es zu Verklumpungen kommen, die im schlimmsten Fall den Tod des Patienten zur Folge haben. Die Ursache für die Verklumpung sind bestimmte Eiweißmoleküle (Antigene), welche sich auf der Oberfläche der roten Blutkörperchen befinden. So besitzt Blutgruppe A die Antigene A und Blutgruppe B die Antigene B. Die Blutgruppe AB hat sowohl Antigen A als auch Antigen B. Blutgruppe 0 besitzt keine Antigene auf der Oberfläche.

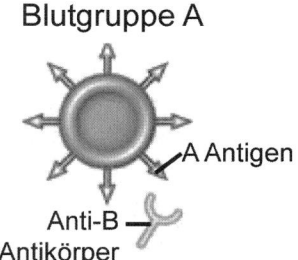
Blutgruppe A

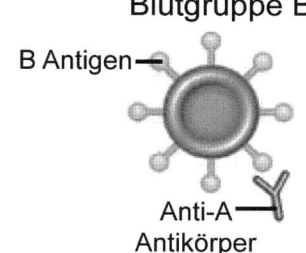
Blutgruppe B

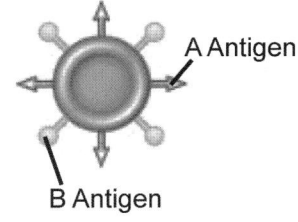
Blutgruppe AB

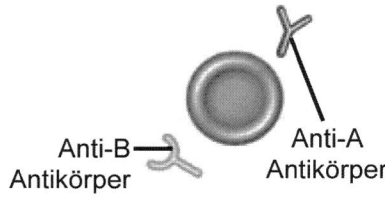
Blutgruppe 0

Thema: Dicke Luft

Sach- und Gebrauchstexte: Sauerstoff im Körper und anderswo

21 In jedem Blut sind zusätzlich Antikörper gegen die Antigene fremder Blutgruppen vorhanden.
22 Diese Antikörper lagern sich bei einer Transfusion mit der falschen Blutgruppe an den fremden
23 roten Blutkörperchen an. Daraus entsteht die Verklumpung, die zum Tod führen kann.

24 Da sich an der Oberfläche der roten Blutkörperchen der Blutgruppe 0 keine Antigene befinden,
25 haben die Antikörper der anderen Blutgruppen keine „Angriffsstelle". Das Blut verklumpt nicht,
26 deswegen gilt die Blutgruppe 0 als Universalspender. Die Blutgruppe AB hat dagegen keinerlei
27 Antikörper im Blut und kann als Universalempfänger angesehen werden. Da die Verträglichkeit
28 aber noch von weiteren Faktoren abhängt, sollte nur im äußersten Notfall eine Transfusion mit
29 einer nicht passenden Blutgruppe durchgeführt werden. In jedem Fall ist eine Kreuzprobe
30 durchzuführen, bei der mithilfe von nur wenigen Tropfen Blut getestet wird, ob es zu
31 Unverträglichkeiten kommt.

32 Die Blutgruppenzugehörigkeit wird vererbt. Für jeden von uns gilt, dass wir zwei Antigen-
33 Merkmale besitzen. Das heißt, wir haben entweder jedes Antigen „doppelt" (AA, BB, 00) oder eine
34 Kombination der drei Möglichkeiten A, B und 0 (A0, B0 oder AB). Von jedem Elternteil erbt das
35 Neugeborene eines der Merkmale. Daraus ergibt sich die Blutgruppe des Kindes. Die Antigen-
36 Merkmale A und B sind gleichwertig (dominant), während das Antigen 0 bei der Vererbung
37 zurücktritt (rezessiv). Ein Mensch mit der Antigenkombination A0 hat also genau wie jemand mit
38 der Kombination AA die Blutgruppe A. Nur wenn von beiden Elternteilen das Antigen 0 vererbt
39 wird, entsteht die Blutgruppe 0.

Thema: Dicke Luft
Sach- und Gebrauchstexte: Sauerstoff im Körper und anderswo

 1. Überfliege zunächst den Text und fasse anschließend den Inhalt in zwei bis drei Sätzen zusammen. Suche dir einen Partner und tragt euch gegenseitig eure Zusammenfassungen vor.

_____

_____

_____

_____

 2. Lies den Text nun gründlich. Teile ihn in Abschnitte ein und formuliere passende Überschriften. Gib die Zeilennummern deiner Abschnitte an.

Zeilennummer	Überschrift

 3. Erkläre die folgenden Wörter aus dem Textzusammenhang. Falls dir die Bedeutung nicht klar ist, kannst du ein Lexikon oder Wörterbuch benutzen.

Transfusion: _____

publizieren: _____

Antikörper: _____

Kombination: _____

4. Finde jeweils das Wort heraus, welches nicht in die Reizwortkette passt. Die ersten Reizwortketten beziehen sich jeweils auf einen Abschnitt, die letzte Kette auf den gesamten Text.

a) Übertragung – Patienten – Transfusion – Kreuzprobe – Entdeckung – Erfolgsquote

b) Nobelpreis – Blutstropfen – Vererbung – Landsteiner – verklumpt

c) Neugeborenes – Verklumpung – Blutgruppe – Antigene – Blutkörperchen – Oberfläche

d) Kreuzprobe – rezessiv – Universalspender – Faktoren – Transfusion

e) Antigenkombination – Merkmale – Blutgruppe – dominant – Unverträglichkeit

f) Blutkörperchen – Blutader – Tierblut – Blutstropfen – Blutgruppenunterscheidung – Bluttransfusion

Thema: Dicke Luft
Sach- und Gebrauchstexte: Sauerstoff im Körper und anderswo

5. Im Text über die Blutgruppen gibt es viele zusammengesetzte Nomen. Schreibe noch sieben dieser Wörter in die Tabelle und gib an, aus welchen Einzelwörtern sie gebildet wurden. Kennzeichne anschließend Nomen, Verben und Adjektive in der linken Spalte mit jeweils einer eigenen Farbe.

Wort aus dem Text	Gebildet aus den Wörtern
Tierblut	Tier + Blut
Bluttransfusion	
Übertragung	

6. Kreuze an, mit welcher Konjunktion die beiden Sätze verbunden werden können. Gib dann an, wie der zweite Satz mit dem ersten Satz zusammenhängt.
Achtung: Manchmal passen mehrere Antworten.

a) Karl Landsteiner entdeckte die Blutgruppen des Menschen.
Er erhielt den Nobelpreis für Medizin.

☐ dafür
☐ trotzdem
☐ wodurch
☐ weil
☐ deswegen
☐ nachdem

Der zweite Satz:
☐ gibt eine Erklärung.
☐ nennt die Ursache.
☐ begründet den ersten Satz.
☐ sagt, wann etwas passiert ist.

III. Material zur Individuellen Förderung

Thema: Dicke Luft
Sach- und Gebrauchstexte: Sauerstoff im Körper und anderswo

b) Der Nobelpreis ist nach Alfred Nobel benannt.
   Er bestimmte in seinem Testament die Gründung der Stiftung.

   ☐ denn
   ☐ nachdem
   ☐ trotzdem
   ☐ wodurch
   ☐ deshalb
   ☐ während

   Der zweite Satz:
   ☐ ist das Gegenteil des ersten Satzes.
   ☐ nennt die Ursache.
   ☐ sagt, wo etwas passiert ist.
   ☐ gibt eine Einschränkung.

c) Alfred Nobel sah den Preis als Wiedergutmachung an.
   Seine Erfindung, das Dynamit, wurde für Kriegszwecke genutzt.

   ☐ weil
   ☐ doch
   ☐ obwohl
   ☐ denn
   ☐ während
   ☐ dafür

   Der zweite Satz:
   ☐ sagt, wann etwas passiert ist.
   ☐ gibt eine Erklärung für den ersten Satz.
   ☐ sagt, wo etwas passiert ist.
   ☐ gibt eine Einschränkung an.

d) Viele Wissenschaftler haben seither diese Auszeichnung erhalten.
   Sie wird jedes Jahr in Stockholm verliehen.

   ☐ welche
   ☐ doch
   ☐ während
   ☐ nachdem
   ☐ denn
   ☐ dafür

   Der zweite Satz:
   ☐ begründet den ersten Satz.
   ☐ sagt, wann etwas passiert.
   ☐ nennt die Ursache.
   ☐ gibt eine Einschränkung an.

7. Wo könnte das oben beschriebene Wissen um die verschiedenen Blutgruppen wichtig sein? Überlege dir zwei Einsatzfelder und schreibe sie hier auf.

_____

_____

Thema: Dicke Luft

Sach- und Gebrauchstexte: Sauerstoff im Körper und anderswo

8. Neben den Blutgruppen ist der Rhesusfaktor ein weiterer wichtiger Bestandteil des Blutes. Ist der Rhesusfaktor im Blut enthalten, dann ist das Blut Rhesusfaktor positiv; fehlt er, ist das Blut Rhesusfaktor negativ.
Auch bei der Vermischung von Blut mit verschiedenen Rhesusfaktoren kommt es zu Unverträglichkeitsreaktionen.
Der Rhesusfaktor wird ebenfalls vererbt und bei der Bezeichnung der Blutgruppen mit angegeben.

Im Folgenden siehst du ein Diagramm, das die prozentuale Verteilung der Blutgruppen ohne eine Unterscheidung nach dem Rhesusfaktor darstellt.

Die Tabelle darunter gibt an, wie viel Prozent der Menschen einer Blutgruppe Rhesusfaktor negativ haben.

Erstelle mithilfe dieser Angaben in deinem Heft ein Säulendiagramm, in dem die Blutgruppen nach negativem und positivem Rhesusfaktor aufgeteilt sind.

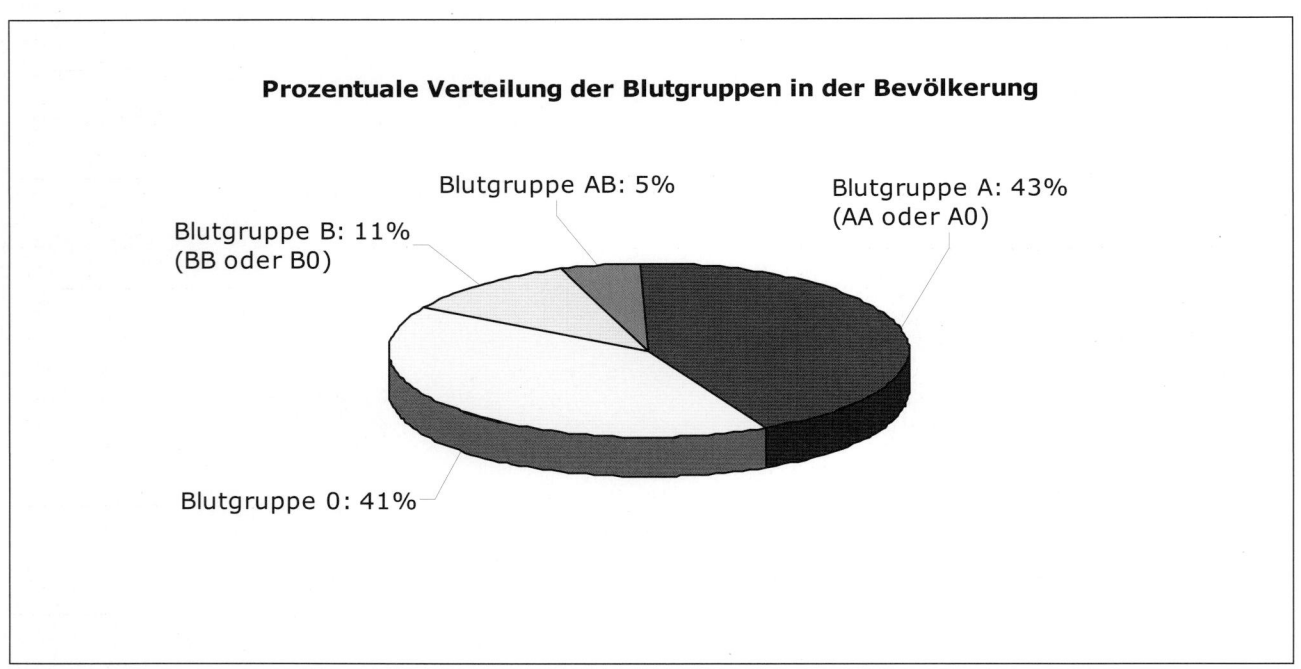

Prozentuale Verteilung der Blutgruppen in der Bevölkerung

- Blutgruppe AB: 5%
- Blutgruppe A: 43% (AA oder A0)
- Blutgruppe B: 11% (BB oder B0)
- Blutgruppe 0: 41%

Blutgruppe	Verteilung des negativen Rhesusfaktors in der Bevölkerung
A	6 %
0	6 %
B	2 %
AB	1 %

Lernstandsfeststellung Lesen — **G** NIVEAU

Name der Schülerin/des Schülers

Beobachtungszeitraum

I. LESEVERSTÄNDNIS

Der Schüler kann …

Kompetenz	Ergebnis ☹	😐	🙂	Notizen zu Beobachtungen
… Informationen (z. B. Schlüsselwörter, Reizwortkette, Textbausteine) in Textabschnitten finden und markieren.				
… explizit im Text vorkommende Informationen wiedergeben.				
… Orts- und Zeitangaben aus dem Text herausfinden.				
… einen Text mit dem Originaltext vergleichen und Abweichungen (andere Wörter, „Druckfehler" usw.) korrigieren.				
… in einem gegliederten Text Abschnitte erkennen und nummerieren.				
… Teilüberschriften/Kernaussagen ordnen/zuordnen.				
… die zentrale Aussage eines Texts erfassen und mündlich wiedergeben.				
… W-Fragen zum Text beantworten.				
… einfache Fragen (z. B. W-Fragen) zum Text stellen.				
… die Bedeutung eines unbekannten Worts aus dem Textzusammenhang heraus erschließen.				
… die Absicht des Autors/die Textintention bei einfachen Texten erkennen.				
… Informationen aus einfachen Schaubildern und Tabellen entnehmen.				

IV. Lernerfolgsfeststellung Lesen

II. Arbeitsverhalten

1. Interesse (und Motivation)

Der Schüler …

- ☐ beteiligte sich einsatzfreudig und ausdauernd.
- ☐ beteiligte sich oft einsatzfreudig und ausdauernd.
- ☐ beteiligte sich je nach Interesse.
- ☐ beteiligte sich kaum.

2. Konzentration (und Ausdauer)

Der Schüler …

- ☐ arbeitete besonders planvoll und konzentriert.
- ☐ arbeitete häufig planvoll und konzentriert.
- ☐ arbeitete selten planvoll und konzentriert.
- ☐ widmete sich nur kurzzeitig einer Sache.

3. Lern- und Arbeitsweise

Der Schüler …

- ☐ fand eigene Lösungswege, arbeitete selbstständig und eigenverantwortlich.
- ☐ erprobte eigene Lösungswege, arbeitete in der Regel selbstständig und eigenverantwortlich.
- ☐ erprobte Lösungswege mit Hilfestellung, musste zu selbstständigem und zügigem Arbeiten angehalten werden.
- ☐ schaffte es selbst mit Hilfestellung kaum, Lösungswege zu erproben, arbeitete oberflächlich und fehlerhaft.

III. Sonstige Anmerkungen

_____

_____

_____

_____

_____

_____

_____

IV. Lernerfolgsfeststellung Lesen

Lernstandsfeststellung Lesen — **Q** NIVEAU

_____   _____
Name der Schülerin/des Schülers   Beobachtungszeitraum

I. LESEVERSTÄNDNIS

Der Schüler kann ...

Kompetenz	Ergebnis ☹	😐	🙂	Notizen zu Beobachtungen
... Informationen (z. B. Schlüsselwörter, Reizwortkette, Textbausteine) finden und markieren.				
... Aussagen mit einer Textstelle belegen.				
... Aussagen/Fragen textbasiert auf ihre Korrektheit hin überprüfen.				
... Aussagen textbasiert in die richtige Reihenfolge bringen.				
... Teilüberschriften/Kernaussagen zu Textabschnitten formulieren.				
... die zentrale Aussage eines Texts formulieren.				
... Fragen zum Text gegebenenfalls durch Verknüpfung von mehreren Informationen beantworten.				
... Fragen zum Text formulieren.				
... die Bedeutung von Wörtern und Aussagen aus dem Textzusammenhang heraus erklären.				
... die Bedeutung von sprachlichen Bildern aus dem Textzusammenhang heraus erklären.				
... die Absicht des Autors/die Textintention erkennen.				

Lernstandsfeststellung Lesen

Kompetenz	Ergebnis ☹	Ergebnis 😐	Ergebnis ☹	Notizen zu Beobachtungen
… die Gattung von Texten aufgrund von gängigen textsortenspezifischen Merkmalen erkennen.				
… Gefühle aus einer Textsituation herauslesen, beschreiben und belegen.				
… zum Text eine begründete Meinung formulieren.				
… textbasiert einfache Schlussfolgerungen ziehen.				
… Schaubilder und Tabellen anhand eines Texts ergänzen.				
… Informationen aus komplexen Schaubildern und Tabellen entnehmen.				
… Informationen aus mehreren Schaubildern miteinander in Beziehung setzen.				

II. Arbeitsverhalten

1. Interesse (und Motivation)

Der Schüler …

☐ beteiligte sich einsatzfreudig und ausdauernd.

☐ beteiligte sich oft einsatzfreudig und ausdauernd.

☐ beteiligte sich je nach Interesse.

☐ beteiligte sich kaum.

2. Konzentration (und Ausdauer)

Der Schüler …

☐ arbeitete besonders planvoll und konzentriert.

☐ arbeitete häufig planvoll und konzentriert.

☐ arbeitete selten planvoll und konzentriert.

☐ widmete sich nur kurzzeitig einer Sache.

3. Lern- und Arbeitsweise

Der Schüler …

☐ fand eigene Lösungswege, arbeitete selbstständig und eigenverantwortlich.

☐ erprobte eigene Lösungswege, arbeitete in der Regel selbstständig und eigenverantwortlich.

☐ erprobte Lösungswege mit Hilfestellung, musste zu selbstständigem und zügigem Arbeiten angehalten werden.

☐ schaffte es selbst mit Hilfestellung kaum, Lösungswege zu erproben, arbeitete oberflächlich und fehlerhaft.

III. SONSTIGE ANMERKUNGEN

_____
_____
_____
_____
_____
_____
_____
_____
_____
_____
_____
_____
_____
_____
_____

Lernstandsfeststellung Lesen

Name der Schülerin/des Schülers

Beobachtungszeitraum

I. LESEVERSTÄNDNIS

Der Schüler kann …

Kompetenz	Ergebnis ☹	Ergebnis 😐	Ergebnis 🙂	Notizen zu Beobachtungen
… eine Aussage mit mehreren Textstellen belegen.				
… die Reihenfolge von Reizwörtern auf ihre Korrektheit hin überprüfen.				
… einen ungegliederten Fließtext in Abschnitte gliedern.				
… Teilüberschriften/Kernaussagen textbasiert auf ihre Korrektheit hin überprüfen.				
… Textzusammenfassungen formulieren.				
… komplexe Fragen zum Text ggf. durch Verknüpfung von mehreren Informationen beantworten.				
… über den Text hinausgehende Fragen formulieren.				
… sprachlich und inhaltlich schwierige Textstellen (Fremdwörter, Gestaltungsmittel, lange Sätze) erklären.				
… aus der Vielfalt von Bedeutungsvarianten sprachlicher Bilder die treffende auswählen.				
… die Absicht des Autors/die Textintention kennen und mit Textstellen belegen.				
… die Gattung von Texten aufgrund von textsortenspezifischen, sprachlichen Mitteln erkennen und belegen.				

IV. Lernerfolgsfeststellung Lesen

Lernstandsfeststellung Lesen

NIVEAU W

Kompetenz	Ergebnis ☺	Ergebnis 😐	Ergebnis ☹	Notizen zu Beobachtungen
… Gefühle aus einer Textsituation ableiten.				
… kritisch zum Text Stellung nehmen.				
… textbasiert komplexe Schlussfolgerungen ziehen.				
… zu einem Text ein Schaubild/eine Tabelle erstellen.				
… Informationen aus mehreren Schaubildern mit unterschiedlichen Informationen miteinander in Beziehung setzen.				

II. ARBEITSVERHALTEN

1. Interesse (und Motivation)

Der Schüler …

☐ beteiligte sich einsatzfreudig und ausdauernd.
☐ beteiligte sich oft einsatzfreudig und ausdauernd.
☐ beteiligte sich je nach Interesse.
☐ beteiligte sich kaum.

2. Konzentration (und Ausdauer)

Der Schüler …

☐ arbeitete besonders planvoll und konzentriert.
☐ arbeitete häufig planvoll und konzentriert.
☐ arbeitete selten planvoll und konzentriert.
☐ widmete sich nur kurzzeitig einer Sache.

3. Lern- und Arbeitsweise

Der Schüler …

☐ fand eigene Lösungswege, arbeitete selbstständig und eigenverantwortlich.
☐ erprobte eigene Lösungswege, arbeitete in der Regel selbstständig und eigenverantwortlich.
☐ erprobte Lösungswege mit Hilfestellung, musste zu selbstständigem und zügigem Arbeiten angehalten werden.
☐ schaffte es selbst mit Hilfestellung kaum, Lösungswege zu erproben, arbeitete oberflächlich und fehlerhaft.

IV. Lernerfolgsfeststellung Lesen

III. Sonstige Anmerkungen

Selbsteinschätzungsbogen Lesen — NIVEAU G

_____
Name

I. LESEVERSTÄNDNIS

Lies dir folgende Aussagen in Ruhe durch. Überlege genau, welche jeweils auf dich zutreffen und setze ein entsprechendes Kreuzchen unter „Ergebnis".

Wenn du zusätzlich noch etwas vermerken möchtest (z. B. wenn du etwas besonders gut kannst oder etwas noch einmal üben solltest), kannst du dies in das Kästchen „Notizen" schreiben.

Ich ...

Wissen/Können	Ergebnis ☹ trifft gar nicht auf mich zu	Ergebnis 😐 muss ich noch üben	Ergebnis ☺ trifft auf mich zu	Notizen
... finde Aussagen im Text wieder.				
... kann Informationen, die im Text vorkommen, in meinen eigenen Worten wiedergeben.				
... kann Orts- und Zeitangaben im Text finden.				
... kann in einem Text, der sich auf den Originaltext bezieht, Fehler erkennen und verbessern.				
... kann in einem Text einzelne Sinnabschnitte finden und diese nummerieren.				
... kann vorgegebene Überschriften einzelnen Abschnitten des Texts zuordnen				
... kann in meinen eigenen Worten zum Ausdruck bringen, welches Thema im Text behandelt wird.				
... kann W-Fragen zum Text beantworten.				

IV. Lernerfolgsfeststellung Lesen

Selbsteinschätzungsbogen Lesen

Wissen/Können	Ergebnis			Notizen
	☹ trifft gar nicht auf mich zu	☺ muss ich noch üben	☹ trifft gar nicht auf mich zu	
… kann selbst einfache W-Fragen stellen, die sich mithilfe des Texts beantworten lassen.				
… kann unbekannte Wörter aus dem Textzusammenhang heraus erschließen.				
… weiß, welches Ziel der Autor verfolgt hat, als er den Text geschrieben hat.				
… kann aus Schaubildern und Tabellen einfache Informationen entnehmen.				

II. ARBEITSVERHALTEN

Bei der Beantwortung der folgenden Fragen sollst du selbst einschätzen, wie du im Unterricht arbeitest. Lies dir deshalb alle Antworten in Ruhe durch und entscheide dich dann für diejenige, die am besten auf dich zutrifft.

1. **Interesse (und Motivation)**

   Am Unterricht beteilige ich mich …
   - ☐ häufig und während der ganzen Schulstunde.
   - ☐ während der ganzen Schulstunde immer mal wieder.
   - ☐ immer dann, wenn mich das Thema interessiert.
   - ☐ eher selten oder gar nicht.

2. **Konzentration (und Ausdauer)**

   Wenn es Aufgaben zu bearbeiten gibt, dann …
   - ☐ erledige ich diese immer konzentriert und schnell.
   - ☐ bemühe ich mich darum, diese möglichst schnell und konzentriert zu bearbeiten.
   - ☐ bin ich nicht immer bei der Sache und schweife manchmal ab.
   - ☐ bin ich immer nur kurz oder gar nicht bei der Sache.

3. **Lern- und Arbeitsweise**

   Wenn es darum geht, knifflige Aufgaben selbstständig zu lösen, …
   - ☐ bin ich immer bei der Sache und komme meistens schnell zu einer richtigen Lösung.
   - ☐ komme ich meistens von alleine auf die richtigen Lösungen und brauche nur selten Hilfestellung vom Lehrer.
   - ☐ schaffe ich das mit einiger Hilfe durch den Lehrer meistens ganz gut.
   - ☐ fällt mir das sehr schwer und ich brauche oft viele Hilfestellungen und viel Zeit, um zu einem richtigen Ergebnis zu kommen.

III. ZUSAMMENFASSUNG

Hier kannst du für dich noch einmal zusammenfassen, was du gut kannst, wo du Probleme hast und was du besser noch einmal üben solltest.

1. **Was kann ich gut?**

   _____
   _____
   _____

2. **Was finde ich schwierig?**

   _____
   _____
   _____

3. **Was muss ich noch mal üben?**

   _____
   _____
   _____
   _____

Selbsteinschätzungsbogen Lesen

Name

I. LESEVERSTÄNDNIS

Lies dir folgende Aussagen in Ruhe durch. Überlege genau, welche jeweils auf dich zutreffen und setze ein entsprechendes Kreuzchen unter „Ergebnis".

Wenn du zusätzlich noch etwas vermerken möchtest (z. B. wenn du etwas besonders gut kannst oder etwas noch einmal üben solltest), kannst du dies in das Kästchen „Notizen" schreiben.

Ich …

Wissen/Können	Ergebnis			Notizen
	☹ trifft gar nicht auf mich zu	😐 muss ich noch üben	🙂 trifft auf mich zu	
… finde Aussagen im Text wieder.				
… weiß, welche Aussagen inhaltlich zum Text passen und welche nicht.				
… kann Aussagen, die aus dem Text stammen, in die richtige Reihenfolge bringen.				
… kann zu vorgegebenen Abschnitten passende Überschriften formulieren.				
… kann in meinen eigenen Worten zum Ausdruck bringen, welches Thema der Text behandelt.				
… kann komplexe Fragen zum Text beantworten.				
… kann selbst Fragen formulieren, die sich mithilfe des Texts beantworten lassen.				
… kann unbekannte Wörter und Aussagen aus dem Textzusammenhang heraus erschließen.				

IV. Lernerfolgsfeststellung Lesen

Selbsteinschätzungsbogen Lesen

NIVEAU Q

Wissen/Können	Ergebnis			Notizen
	☹ trifft gar nicht auf mich zu	😐 muss ich noch üben	☺ trifft gar nicht auf mich zu	
… kann die Bedeutung von sprachlichen Bildern, die im Text enthalten sind, erkennen.				
… weiß, welches Ziel der Autor verfolgt hat, als er den Text geschrieben hat.				
… kann einen Text aufgrund von bestimmten Merkmalen einer bestimmten Textsorte zuordnen.				
… kann Gefühle aus einer Textsituation herauslesen und beschreiben.				
… kann meine Meinung zu einem Sachverhalt, der im Text zur Sprache kommt, formulieren.				
… kann aus dem Text einfache Schlussfolgerungen ziehen.				
… kann Schaubilder und Tabellen, die Themen des Texts aufnehmen, verstehen und ergänzen.				
… kann aus komplizierten Schaubildern und Tabellen gezielt bestimmte Informationen entnehmen.				
… kann Informationen, die in verschiedenen Schaubildern enthalten sind, verstehen und miteinander verknüpfen.				

II. ARBEITSVERHALTEN

Bei der Beantwortung der folgenden Fragen sollst du selbst einschätzen, wie du im Unterricht arbeitest. Lies dir deshalb alle Antworten in Ruhe durch und entscheide dich dann für diejenige, die am besten auf dich zutrifft.

1. Interesse (und Motivation)
Am Unterricht beteilige ich mich …
- ☐ häufig und während der ganzen Schulstunde.
- ☐ während der ganzen Schulstunde immer mal wieder.
- ☐ immer dann, wenn mich das Thema interessiert.
- ☐ eher selten oder gar nicht.

2. Konzentration (und Ausdauer)
Wenn es Aufgaben zu bearbeiten gibt, dann …
- ☐ erledige ich diese immer konzentriert und schnell.
- ☐ bemühe ich mich darum, diese möglichst schnell und konzentriert zu bearbeiten.
- ☐ bin ich nicht immer bei der Sache und schweife manchmal ab.
- ☐ bin ich immer nur kurz oder gar nicht bei der Sache.

3. Lern- und Arbeitsweise
Wenn es darum geht, knifflige Aufgaben selbstständig zu lösen, …
- ☐ bin ich immer bei der Sache und komme meistens schnell zu einer richtigen Lösung.
- ☐ komme ich meistens von alleine auf die richtigen Lösungen und brauche nur selten Hilfestellung vom Lehrer.
- ☐ schaffe ich das mit einiger Hilfe durch den Lehrer meistens ganz gut.
- ☐ fällt mir das sehr schwer und ich brauche oft viele Hilfestellungen und viel Zeit, um zu einem richtigen Ergebnis zu kommen.

III. ZUSAMMENFASSUNG

Hier kannst du für dich noch einmal zusammenfassen, was du gut kannst, wo du Probleme hast und was du besser noch einmal üben solltest.

1. **Was kann ich gut?**

   _____
   _____
   _____
   _____
   _____
   _____

2. **Was finde ich schwierig?**

   _____
   _____
   _____
   _____
   _____
   _____

3. **Was muss ich noch mal üben?**

   _____
   _____
   _____
   _____
   _____
   _____

Selbsteinschätzungsbogen Lesen

_____
Name

I. LESEVERSTÄNDNIS

Lies dir folgende Aussagen in Ruhe durch. Überlege genau, welche jeweils auf dich zutreffen und setze ein entsprechendes Kreuzchen unter „Ergebnis".

Wenn du zusätzlich noch etwas vermerken möchtest (z. B. wenn du etwas besonders gut kannst oder etwas noch einmal üben solltest), kannst du dies in das Kästchen „Notizen" schreiben.

Ich …

Wissen/Können	Ergebnis			Notizen
	☹ trifft gar nicht auf mich zu	😐 muss ich noch üben	🙂 trifft auf mich zu	
… kann eine Aussage mit mehreren Textstellen belegen.				
… kann die richtige Reihenfolge von Reizwörtern angeben.				
… kann einen Fließtext in sinnvolle Abschnitte untergliedern.				
… kann Überschriften zu einzelnen Abschnitten des Texts auf ihre Richtigkeit hin überprüfen.				
… kann Textzusammenfassungen formulieren.				
… kann komplizierte Fragen mithilfe verschiedener Informationen aus dem Text beantworten.				
… kann Fragen zu Themen des Texts formulieren, die nicht allein mithilfe des Texts beantwortet werden können.				
… kann unbekannte Wörter, Satzteile und Aussagen aus dem Textzusammenhang heraus erschließen.				

Selbsteinschätzungsbogen Lesen

Wissen/Können	Ergebnis			Notizen
	☹ trifft gar nicht auf mich zu	😐 muss ich noch üben	☹ trifft gar nicht auf mich zu	
… weiß, welches Ziel der Autor verfolgt hat, als er den Text geschrieben hat und kann dies mit Testellen belegen.				
… kann einen Text aufgrund von bestimmten Merkmalen einer bestimmten Textsorte zuordnen.				
… kann Gefühle aus einer Textsituation herauslesen und diese beschreiben.				
… kann kritisch zum Text Stellung nehmen.				
… kann aus dem Text komplexe Schlussfolgerungen ziehen.				
… kann zu einem Text Schaubilder und Tabellen erstellen.				
… kann Informationen, die in verschiedenen Schaubildern enthalten sind, miteinander verknüpfen.				

II. ARBEITSVERHALTEN

Bei der Beantwortung der folgenden Fragen sollst du selbst einschätzen, wie du im Unterricht arbeitest. Lies dir deshalb alle Antworten in Ruhe durch und entscheide dich dann für diejenige, die am besten auf dich zutrifft.

1. Interesse (und Motivation)
Am Unterricht beteilige ich mich …
- ☐ häufig und während der ganzen Schulstunde.
- ☐ während der ganzen Schulstunde immer mal wieder.
- ☐ immer dann, wenn mich das Thema interessiert.
- ☐ eher selten oder gar nicht.

Selbsteinschätzungsbogen Lesen

2. Konzentration (und Ausdauer)

Wenn es Aufgaben zu bearbeiten gibt, dann ...

☐ erledige ich diese immer konzentriert und schnell.

☐ bemühe ich mich darum, diese möglichst schnell und konzentriert zu bearbeiten.

☐ bin ich nicht immer bei der Sache und schweife manchmal ab.

☐ bin ich immer nur kurz oder gar nicht bei der Sache.

3. Lern- und Arbeitsweise

Wenn es darum geht, knifflige Aufgaben selbstständig zu lösen, ...

☐ bin ich immer bei der Sache und komme meistens schnell zu einer richtigen Lösung.

☐ komme ich meistens von alleine auf die richtigen Lösungen und brauche nur selten Hilfestellung vom Lehrer.

☐ schaffe ich das mit einiger Hilfe durch den Lehrer meistens ganz gut.

☐ fällt mir das sehr schwer und ich brauche oft viele Hilfestellungen und viel Zeit, um zu einem richtigen Ergebnis zu kommen.

III. ZUSAMMENFASSUNG

Hier kannst du für dich noch einmal zusammenfassen, was du gut kannst, wo du Probleme hast und was du besser noch einmal üben solltest.

1. **Was kann ich gut?**

   _____
   _____
   _____
   _____

2. **Was finde ich schwierig?**

   _____
   _____
   _____
   _____

3. **Was muss ich noch mal üben?**

   _____
   _____
   _____
   _____

IV. Lernerfolgsfeststellung Lesen

ANLEITUNG ZUM EINSATZ DES TESTS

I. Konzeption

a) Testart: Leseverständnistest

b) Einsatzbereich: Schülerinnen und Schüler der 7. Jahrgangsstufe

c) Ziel: Im Anschluss an das differenzierte Arbeiten in verschiedenen Niveaugruppen sollen die Schülerinnen und Schüler zeigen, dass sie die Anforderungen ihrer jeweiligen Niveaustufe erfüllen und weitere Kompetenzen in diesem Bereich erlangt haben. Hierfür steht ein Test auf drei Niveaustufen (grundlegend, qualifizierend, weiterführend) zur Verfügung. **Das qualifizierende und das weiterführende Niveau finden Sie auf der CD-ROM.**

d) Aufgabentypen: Der Test enthält folgende Aufgabentypen:
- ✓ Aufgaben mit Auswahlformaten
- ✓ Aufgaben mit kurzen, offenen Antworten
- ✓ Aufgaben, die ausführlichere, freie Antworten verlangen

e) Testaufbau: Die Schüler bearbeiten verschiedene Leseverständnisaufgaben auf der Niveaustufe, auf der sie zuvor gefördert wurden. Hinweis: Die Kompetenzbeschreibungen sind dem jeweiligen Lösungsteil (auf der CD-ROM) zu entnehmen. Insgesamt sind 25 Punkte zu erreichen.

II. Durchführung

a) Zeitumfang: Für die Lese- und die Bearbeitungszeit sind insgesamt 30 Minuten vorgesehen. Da es bei diesem Test nicht darum geht, das Lesetempo zu bewerten, sollte den Schülern ggf. ein Zeitzuschlag von bis zu 15 Minuten eingeräumt werden, damit sie möglichst alle Aufgaben zum Textverständnis bearbeiten können.

b) Hilfsmittel: Lineal, Bleistift, Farbstifte, Füller. Ein Nachschlagewerk darf nicht verwendet werden.

III. Korrektur und Auswertung

a) Punktevergabe: Die Punktevergabe erfolgt anhand der jeweiligen Musterlösungen (auf der CD-ROM). Hier finden Sie die Lösungen zu allen Aufgaben. Zu jeder Aufgabe gibt es Korrekturhinweise, die Ihnen die Punktevergabe erleichtern sollen. Grammatik- und Orthografiefehler werden nicht bewertet.

b) Auswertungsbogen: Überträgt man die im Test erreichten Punkte in eine Klassenliste, so erhält man einen Überblick über die Leistungen jedes einzelnen Schülers und der Klasse insgesamt.

c) Bewertung: Die Bewertung ergibt sich anhand des folgenden Punkteschlüssels:

erzielte Leistung	Bewertung des Leseverständnisses
25 – 22,5 Punkte (bis 90 %)	sehr gut
22 – 20 Punkte (bis 80 %)	gut
19,5 – 15 Punkte (bis 60 %)	durchschnittlich
< 15 Punkte	unterdurchschnittlich

Den Schülerinnen und Schülern sollte als Rückmeldung und Würdigung ihrer Leistung eine verbale Bewertung gegeben werden. Eine Benotung oder ein Ranking sollen nicht vorgenommen werden.

d) Weiterarbeit: Schüler, die in den Niveaustufen G und Q sehr gute bis gute Leistungen erzielt haben, können, wenn eine weitere Sequenz zur Förderung des Leseverständnisses vorgesehen ist, in der nächsthöheren Niveaustufe Aufgaben zum Leseverständnis bearbeiten.

TEXTVORLAGE

Der Wettlauf zum Südpol

1 Fünf Kontinente waren erforscht, alle Ozeane überquert und auch der Nordpol bereits erobert.
2 Nun galt es, sich der letzten großen Herausforderung zu stellen, als erste Nation ruhmreich den
3 Südpol zu erreichen. Zu diesem Wettrennen forderte 1895 der Brite Clemens Markham auf dem
4 Internationalen Geographischen Kongress in London auf, dem sich einige Polarforscher stellten.

5 Darunter befanden sich auch der Norweger Roald Amundsen (*1872) und Robert Falcon Scott
6 (*1868), ein britischer Offizier der Royal Navy. Amundsen verfügte im Gegensatz zu dem Briten
7 über mehr Erfahrung, denn er hatte bereits die Nordwestpassage durchquert, einen Schifffahrtsweg
8 um Amerika herum, der den Atlantischen mit dem Pazifischen Ozean verbindet. Zwar hatte Scott
9 in einem Zeitraum von drei Jahren schon eine erste Expedition zum Südpol gewagt, diese aber
10 aufgrund geringer Erfahrungen der Teilnehmer bereits auf halber Strecke abbrechen müssen.

11 Nachdem die beiden Polarforscher aufwendige Vorbereitungen getroffen hatten, konnte der
12 Wettlauf zum Südpol beginnen. Am 1. Juni 1910 stach Robert Scott in London mit seinem Schiff
13 „Terra Nova" mit 70 Mann Besatzung in See. Amundsen, der am 9. August 1910 mit der „Fram" in
14 Oslo losfuhr, nahm 97 grönländische Schlittenhunde und 19 Männer mit.

15 Zeitgleich starteten die beiden Rivalen am 20. Oktober 1911 von ihren jeweiligen Basislagern aus.
16 Die Expedition der Norweger erwies sich allerdings als die erfolgreichere. Obwohl Scott eine
17 bereits erforschte Route wählte und Amundsen sich seinen Weg erst noch selbst suchen musste,
18 kam dessen Mannschaft doppelt so schnell voran. Die Hunde zogen die Holzschlitten. Neben
19 ihnen liefen die Männer auf Skiern. Die Briten dagegen standen mit ihren drei Motorschlitten, den
20 34 Hunden und 19 Ponys vor großen Problemen. Schon nach den ersten Kilometern mussten sie
21 die Motorschlitten aufgeben. Zudem hatten die Pferde weder Lust noch Kraft, bei Kälte und
22 Schnee zu traben. Bereits nach einem Viertel der Strecke ließ Scott die letzten Ponys erschießen.
23 Nun mussten Scott und seine Männer die 100-Kilo-Schlitten selbst ziehen. Amundsen vertraute auf
24 eine kleine Gruppe von Spezialisten. Die Huskys dienten nicht nur als Zugtiere, sondern einige von
25 ihnen auch als Nahrung für das Team und die anderen Hunde.

26 Nach über 1 000 Kilometern erreichte Amundsen mit seinen vier Weggefährten am 15. Dezember
27 1911 den Südpol. Sie hissten die norwegische Fahne und bauten eine Schneepyramide. Amundsen
28 gravierte in eine Bronzetafel das Datum und seinen Namen ein und hinterlegte zudem einen
29 persönlichen Brief an Scott. Am 30. Januar 1912 machte er sich mit seinem Team auf den Rückweg.

30 Zu diesem Zeitpunkt spielte sich nur einige Kilometer entfernt ein Drama ab. Scott und seine vier
31 Begleiter waren noch immer auf ihrer letzten Etappe unterwegs. Das Wetter verschlechterte sich
32 zunehmend. Die Männer waren entkräftet, die Essensvorräte gingen zur Neige. Aber Scott wollte
33 auf keinen Fall aufgeben.

Test zur Ermittlung des Lernerfolgs Lesen
Sach- und Gebrauchstexte: Der Wettlauf zum Südpol

34 Am 17. Januar 1912 erreichten die Briten schließlich den Südpol. Sie sahen die norwegische Fahne
35 und die Überreste von Amundsens Lager. Ihnen blieb nichts anderes übrig, als die Union Jack
36 aufzustellen. Scott notierte in sein Tagebuch: „Die Norweger sind uns zuvorgekommen und waren
37 zuerst am Pol. Alle Träume sind zunichte. Es wird eine mühselige Rückkehr."

38 Die erschöpften und unterernährten Männer bezwangen nur wenige Kilometer am Tag. Diese
39 Strapazen forderten nun auch Menschenleben. Am 13. Februar 1912 starb Edward Evans, ein paar
40 Tage später Lawrence Oates. In dem bitterkalten arktischen Winter kämpften sich nun drei
41 Überlebende weiter. „Ich glaube nicht, dass wir auf Besserung hoffen können. Es ist bedauerlich,
42 aber ich kann nicht mehr schreiben. Um Gottes Willen kümmert Euch um unsere Familien." Das
43 sind Scotts letzte Aufzeichnungen vom 29. März. Acht Monate später wurden die gefrorenen
44 Leichen in einem Zelt gefunden.

45 Scotts schicksalhaftes Scheitern machte ihn zum Helden. Ihm zu Ehren wurden Denkmäler
46 errichtet. Sein Tagebuch erschien als Bestseller. Er wurde zum Ritter geschlagen und die NASA
47 benannte sogar eine Raumsonde nach ihm. Nur selten erlebt man in der Geschichte, dass der Ruhm
48 des Verlierers den des Siegers übertrifft.

Test zur Ermittlung des Lernerfolgs Lesen
Sach- und Gebrauchstexte: Der Wettlauf zum Südpol

NIVEAU G

AUFGABEN

Name: _____

Nr.	Aufgabe	Pkt.
1a	Lies den ersten Textabschnitt aufmerksam. Beantworte dann die W-Fragen in Stichpunkten. Wer? → _____ eröffnete wann? → _____ bei welchem Anlass? → _____ wo? → _____ was? → _____	3/
1b	Im ersten Textabschnitt stehen zu folgenden Wörtern sinngleiche Fremdwörter. Finde sie und ordne sie dann zu. {Tabelle: Erdteile / Weltmeere / Staat — Treffen / weltweit / erdkundlich}	3/
2	Welche Informationen erhältst du in den ersten beiden Abschnitten über die beiden Rivalen? Unterstreiche sie mit zwei verschiedenen Farbstiften (Scott = ROT, Amundsen = GRÜN). Ergänze dann die fehlenden Angaben in der Tabelle. {Tabelle: Vor- und Nachname / Geburtsjahr / Nationalität / Beruf}	4/
3	Im zweiten Abschnitt erfährt man von zwei „Merkmalen", in denen sich Amundsen von Scott unterscheidet. Notiere diese stichpunktartig.	2/

IV. Lernerfolgsfeststellung Lesen

Test zur Ermittlung des Lernerfolgs Lesen
Sach- und Gebrauchstexte: Der Wettlauf zum Südpol

4 Was ereignete sich zu diesen Zeitpunkten? Notiere in Stichpunkten. 3/

Datum	Ereignis
01.06.1910	
09.08.1910	
20.10.1911	
15.12.1911	
17.01.1912	
13.02.1912	
29.03.1912	
November 1912	

5 Der Text ist in neun Abschnitte untergliedert. Nummeriere zunächst die Abschnitte am linken Textrand. 4/

Bringe dann folgende Teilüberschriften passend zum Textverlauf in die richtige Reihenfolge. Notiere dazu die Nummern der Abschnitte und die dazugehörigen Zeilenangaben in die Spalten. (Hinweis: Zwei Überschriften bleiben übrig!)

Textabschnitt	Zeilenangabe	Teilüberschrift
		Als Erster am Südpol
		Ein Wettlauf mit der Zeit
		Der Ruhm des Scheiterns
		Der Beginn des Wettlaufs
		Rückweg in den Tod
1	1–5	Aufruf zum Wettrennen
		Die Antarktisexpedition
		Eine gute Vorbereitung führt zum Erfolg
		Durchhalten um jeden Preis
		Zwei Rivalen – ein Ziel
		Ein verlorener Traum

Test zur Ermittlung des Lernerfolgs Lesen

Sach- und Gebrauchstexte: Der Wettlauf zum Südpol

NIVEAU G

6	**Lies den dritten und vierten Textabschnitt aufmerksam.** **In die folgenden Sätze hat sich jeweils ein <u>inhaltlicher</u> Fehler eingeschlichen.** **Streiche ihn durch und notiere darunter die richtige Aussage.** Auf seine Expedition nahm Amundsen 79 Huskys mit. _____ Amundsens Mannschaft kam nur langsam voran. _____ Schon auf halber Strecke musste Scott die Motorschlitten aufgeben. _____ Nachdem die Scott-Expedition ein Viertel der Strecke bewältigt hatte, mussten die Hunde die Schlitten ziehen. _____	2/
7	**Beantworte folgende Fragen zum achten Textabschnitt.** Wie lautete Scotts letzter Wunsch? _____ Was war Scotts Todesursache? _____	2/
8	**Formuliere selbst <u>verschiedene</u> Fragen, die mit den Namen der Forscher beantwortet werden müssen. Achte dabei auf eine gute Ausdrucksweise.** Frage 1: _____ _____ Antwort: Robert Falcon Scott Frage 2: _____ _____ Antwort: Robert Falcon Scott Frage 1: _____ _____ Antwort: Roald Amundsen Frage 2: _____ _____ Antwort: Roald Amundsen	2/

IV. Lernerfolgsfeststellung Lesen

NIVEAU G

Test zur Ermittlung des Lernerfolgs Lesen
Sach- und Gebrauchstexte: Der Wettlauf zum Südpol

AUSWERTUNGSBOGEN KLASSE

Klasse: _____   Datum: _____

Schuljahr: _____

Name / Aufgabe (Punkte)	erreichte Punkte in Niveau G								gesamt (25)
	1a (3)	1b (3)	2 (4)	3 (2)	4 (3)	5 (4)	6 (2)	7 (2)	8 (2)	
1										⇨
2										⇨
3										⇨
4										⇨
5										⇨
6										⇨
7										⇨
8										⇨
9										⇨
10										⇨
11										⇨
12										⇨
13										⇨
14										⇨
15										⇨
16										⇨
17										⇨
18										⇨
19										⇨
20										⇨

IV. Lernerfolgsfeststellung Lesen

Test zur Ermittlung des Lernerfolgs Lesen

Sach- und Gebrauchstexte: Der Wettlauf zum Südpol

NIVEAU **G**

21										⇨	
22										⇨	
23										⇨	
24										⇨	
25										⇨	
26										⇨	
27										⇨	
28										⇨	
29										⇨	
30										⇨	

IV. Lernerfolgsfeststellung Lesen

TEXT- UND BILDQUELLENVERZEICHNIS

Textquellen

Das Kaufhaus des Westens.
http://www.brauchtumseiten.de/a-z/k/kadewe/home.html
[Stand: 16.05.2009]

Marschall, Dirk (Hrsg.): Einladung zum Vorstellungsgespräch … Aber was ziehe ich nur an?
In: azubiQ, Dezember 2008, S. 20 f.

Marschall, Dirk (Hrsg.): Wenn der kleine Hunger kommt! In: azubiQ, Dezember 2008, S. 40

Marschall, Dirk (Hrsg.): Zwischen Tradition und Fortschritt – Das Handwerk ist ein Wirtschaftsbereich, der viele Chancen bietet. In: azubiQ, Dezember 2008, S. 44 f.

Sahli, Stefan: Ein zu schneller Klick kann im Internet teuer werden.
http://www.badische-zeitung.de/bonndorf/ein-zu-schneller-klick-kann-im-internet-teuer-werden--8091438.html [Stand 31.03.2009]

Bildquellen

Im Internet surfen: Group of students © gajatz/www.fotolia.com

Internet-Aktivitäten 2008. Medienpädagogischer Forschungsverbund Südwest / JIM-Studie 2008
http://www.mpfs.de/fileadmin/JIM-pdf08/JIM08_60.pdf [Stand 13.07.2009]

Kaufhaus des Westens.
www.brauchtumseiten.de/a-z/k/kadewe/home.html [Stand: 16.05.2009]

Ludwig XIV. im Krönungsmantel: Ludwig XIV. im Krönungsornat (Staatsporträt von Hyacinthe Rigaud aus dem Jahre 1701)
http://upload.wikimedia.org/wikipedia/commons/5/5f/Louis_XIV_of_France.jpg
[Stand 03.05.2009]